세상이
좋아지지 않았다고
말한 적 없다

세상이
좋아지지 않았다고
말한 적 없다

**하지만 여전히
불편한 것들에 관하여**

오찬호 지음

위즈덤하우스

읽으면 우울해지는 글을 쓸 것이다

몇 년 전 길거리에서 강연을 하는 독특한 텔레비전 예능 프로그램에 출연한 적이 있다. 사회를 비판하는 딱딱한 이야기를 누가 들어줄지 걱정이 많았다. 강연 제목도 울적한 느낌을 가득 담은 '요람에서 무덤까지 헬조선'이었으니 말이다.

그런데 놀랄 일이 생겼다. 방송일, 내 이름은 '수요미식회'를 제치고 실시간 검색어 1위에 올랐다. 여파는 수 주일 간 이어졌다. 특히 그 프로그램에서 "대단한 결심 없이 평범하게 살아도 인간으로서의 존엄성이 보장되는 게 좋은 사회 아닐까요?"라고 말하는 부분의 영상이 인터넷에서 무수히 공유되었다.

이게 무슨 일인가 싶은 얼떨떨함이 있었지만, 그 순간 나는 결심했다. 누가 뭐래도 사회를 비판하는 글을 멈추지 않고 쓰겠다고.

좋은 세상은 그릇된 현실을 외면하면서 가능할 리 없다. 하지만 밑도 끝도 없이 긍정이란 말이 부유하면 나쁜 것을 나쁘다고 말해도 부정적이고 염세적인 사람이라고 취급한다. 나도 힘들었다. 집필의 회의감이 일상을 지배하려는 찰나, 그래도 공감하는 이가 있다는 사실에 마음을 다잡게 되었다. 불평등에서 '벗어난' 예외적인 이야기를 거부하는 사람들이 존재한다는 사실만으로도 나는 용기를 낼 수 있었다. 불평등의 크기를 '줄여' 누구라도 행복할 수 있는 사회를 희망하자는 말을 공허하다고 느끼지 않는 사람들이 늘어나고 있음이 참으로 기뻤다.

주변에서 가끔 묻는다. 방송이라면, 그저 대중이 듣기 좋은 말을 하는 게 훨씬 이득인데 어찌 정공법으로 사회의 문제점을 말할 용기가 있었냐고. 도무지 그럴 수 없는 이유가 있다. 나는 대학원을 다니면서 생활비와 공부할 시간을 동시에 확보하고자 5년간 신문 배달을 했는데, 이때 보았던 세상은 결코 낭만이란 고상한 단어로 포장될 수 없는 처절한 것이었다. 불평등을 머리가 아닌 몸으로 밀착시켜 경험한 시간은 내게 어마어마한 영향을 미쳤다.

새벽은 가난의 깊이가 언제나 사람의 상상을 넘어선다는 사실을 일깨워준다. 화려한 도심에서도 골목 몇 개만 들어가면 여기에 과연 사람이 사는지 의심이 들 정도의 집들이 즐비하다. '그래서'인지 '그런데'인지 헷갈리지만, 그 남루한 집에 사는 사람들이 누구보다 일찍 출근한다. 가난하니 (그래서) 고단한 하루를 빨리 시작하는 이들은, 열심히 살아도 (그런데) 계속 가난하다.

　새벽 첫차를 타러 발걸음을 재촉하는 사람들의 뒷모습을 매일 마주한 나는, 가난의 책임을 개인에게 찾으려는 게 얼마나 기만적인지 잘 안다. '게으르니까' 빈곤한 것 아니냐면서, 죽을 때 가난한 건 자기 탓이라는 사람들을 자주 만났지만 나는 흔들리지 않았다. 행복은 사람이 마음먹기에 달렸다고? 이는 사회가 개인에게 미치는 무서운 영향력을 지나치게 축소하는 소리다. 새벽 세 시에 일어나야만 했던, 인생에서 가장 힘들었던 시기에 배운 불평등이란 잔인한 덫을, 나는 왠지 아름다운 이야기만 해야 할 것 같은 방송 카메라 앞에서 외면하지 않았다. 살면서 가장 잘한 일 중 하나다.

　여기저기 흩어졌던 글들을 모으고 정리해 이 책에 담았다.• 읽으면 우울해지는 글을 쓰는 것은 곤욕스러운 일이다. 글쓰기도 노동인데, 포악스러운 사회의 민낯을 드러내고 인간의 밑바닥이 어디까지 추락했는지 그 깊이를 측정할 때의 기분이 좋을 리 없다. 현실을 피해버리면 나도 편하고 독자도 웃을 텐데 왜 이 고생을 하냐면서 주변 사람들이 한숨을 쉴 때마다 나는 다짐 또 다짐

● 2018년부터 2020년까지 《경향신문》, 《주간경향》, 《볼드저널》, 《Chaeg 월간 책》, 《언유주얼》, 《행복이 가득한 집》, 〈인문 360〉, 〈제22회 부천국제만화축제 컨퍼런스 발표문〉, 〈리디셀렉트〉, 〈KDI 월간지 나라경제〉에 기고한 글을 토대로 책을 완성했다.

한다. 세상이 과거보다 좋아졌다고 오늘 힘들어하는 사람을 외면해서야 되겠는가. 배배 꼬였다고 누가 빈정거린들 나는 '읽으면 우울해지는' 글을 멈추지 않고 쓸 것이다.

2020년 10월

오찬호

차 례

프롤로그: 읽으면 우울해지는 글을 쓸 것이다   4

1부
행복은 생각하기 나름이 아니다

1. 예전보다 나아졌다는 팩트 망상   13

2. 모두 똑같이 위태롭지는 않다   17

3. 뉴스 상단에 '오늘의 산재'를   21

4. 12년간 한 푼도 오르지 않았다   25

5. 장학금과 금지된 뮤지컬 관람   30

6. 소수의 희극이 다수의 비극을 덮다   35

7. 자기소'설'서 과잉의 시대   39

8. 반칙은 누가 하고 있는가   43

2부
차별은 생각하기 나름이 아니다

1. 이러쿵저러쿵 차별이 아니라고 하네   49

2. 예수의 이름으로 차별하는 세상   53

3. 이성애자만 억울할 수는 없다   58

4. 몸의 결점은 사람의 결함이 아니다   62

5. 난민을 향한 아무 말 대잔치   68

6. 동정 구하기가 아닌 물정 바꾸기   73

7. 누구를 위한 노키즈존인가   78

3부
교육은 생각하기 나름이 아니다

1. 성공하는 것만 가르치는 학교   85

2. 공부 안 하면 노숙자가 된다고?   89

3. 학교에는 우등생만 존재하지 않는다   95

4. '좋은' 고등학교가 생기면 사회도 좋아질까   99

5. 교실에도 정치가 필요하다   103

6. 슬기로운 대학 생활이란 없다   107

4부 ──────────────────────
성평등은 생각하기 나름이 아니다

1. 여자만의 촉은 없다   113
2. 밥벌이의 비애와 불평등   117
3. 당신은 어떤 8년을 만들었는가   124
4. 기술은 진보했지만 문화는 퇴행했다   128
5. N번방의 사회학   132
6. 아쉬운 페미니즘, 그래도 페미니즘   138

5부 ──────────────────────
무례함은 생각하기 나름이 아니다

1. '그럴 때'가 사라진 시대   147
2. 당신은 '꼰대'인가, 아닌가   151
3. '9월 신학기제'라는 황당한 담론   155
4. 도서관이 되어버린 서점   158
5. 〈기생충〉과 고통 배틀   163
6. 부자의 품격이라는 허상   167
7. 집이 없어도 행복한 사회는 불가능한가   173
8. '독립했다'는 말은 사라질 것이다   177

6부 ──────────────────────
일상은 생각하기 나름이 아니다

1. "나, 한국나이 안 써!"   185
2. 스타벅스에 위로받는 이상한 여행   189
3. 수면의 불평등   193
4. 고독은 죄가 없다   198
5. 연대를 잃어버린 사회   204
6. 위험한 민주주의   210

에필로그: 거적때기에는 낭만이 없다   218

1부
행복은 생각하기
나름이 아니다

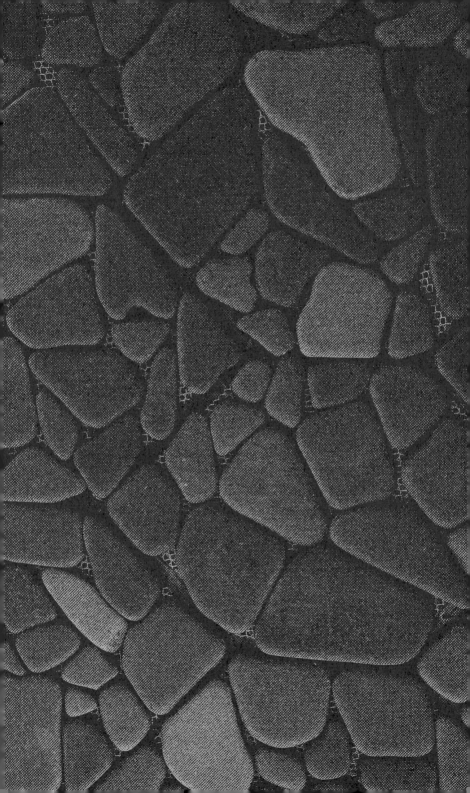

예전보다 나아졌다는 팩트 망상

_'세상이 좋아진 것을 모르냐'는 사람들에게

> 사회를 비판하면, "모든 통계자료가 세상이 좋아졌음을 증명하고
> 있는데 제발 편견에서 벗어나라"는 사람들을 만나죠. 인류가 걸어
> 온 여정이 얼마나 빛나고 이성적인지를 누가 부정하나요. 지금이
> 수백 년 전보다 살기 좋죠. 그런데 말이죠…….

불평등의 크기가 그리 심하지 않은 나라를 찾아가 정치인과 공
무원들에게 그 비결을 묻는 시사 프로그램의 한 장면이다. 당신
들이 행복하게 살게 된 이유를 알려달라는 말에, 자국의 복지체
계 자랑을 밤새 해도 모자랄 것 같은데 이렇게 답했다.

"그건 모르겠고요, 아직 이 사회에는 문제점이 많아요. 제가 할

일은 지금 힘들게 살아가는 사람들이 내일은 조금이라도 불평등에서 벗어날 수 있도록 하는 거지요. 복지의 사각지대를 발견하고 제도를 정비하려는 걸 방해하는 사람들의 그릇된 고정관념도 깨야 해요. 그게 제 의무예요."

자국이 잘났다고 과시해도 괜찮을 상황에, 아직도 사회 곳곳이 엉망이라 갈 길이 멀다는 태도를 보이니 한국이었다면 염세주의자 취급을 받고 욕먹기 좋아 보인다. 하지만 좋은 사회는 이처럼 '나쁜 사회'의 모습들을 적극적으로 찾는 사람들이 많아야지만 가능하다. 사회가 아름다운 수식어로만 꾸며지면, 분명히 존재하는 비상식적인 모습들이 쉽사리 수면 위로 드러나지 않고 부정당하기 때문이다.

사회의 제도를 만들고 정비하는 사람들이 맹목적 긍지로만 뭉쳐 "이 나라는 완벽해요! 차별과 혐오는 생각도 할 수 없어요!"라는 말만 되풀이하는 사회에서는 불평등에 대한 정당한 항의가 '객관적으로 나아진 현실을 부정하는 배배 꼬인 생각'이라는 냉소에 막혀버린다. 한국처럼 말이다. 새마을 운동, 한강의 기적, 강력한 카리스마를 지닌 지도자, 단군의 후예, 열정과 성실로 무장한 국민 정서 등등 '찬란한 역사에 자긍심을 지니자'면서 무한 긍정만을 강요하는 듣기 좋은 말들이 얼마나 자주 등장했던가. 여기에 익숙해진 사람들은 이렇게 내뱉는다.

"그 덕에 우리가 잘살게 된 것은 분명한 사실이니 이 나라에

감사하자!"

두 가지 팩트가 있다. 하나는 이 사회가 그래도 조금씩 나아지고 있다는 팩트이고, 하나는 현재 이 순간에도 불평등에 노출되어 삶이 위태로운 사람이 반드시 있다는 팩트다. 전자는 후자를 드러내는 걸 두려워하지 않을 때 지속적으로 그 방향성이 유지된다. 세상이 좋아지고 있다는 사실이, 세상의 불평등조차 낙관하라는 태도로 이어져서는 안 된다. 지금 아파하는 사람을 보며 한 사회의 불평등을 탓하는 건 확증편향과 무관하다. 오히려 그걸 무시하고 '그래도 과거보다 나아졌다'는 망상에 빠지는 게 보고 싶은 것만 보려는 착각이다.

곳곳에 첨단 시설이 즐비해졌다는 팩트는 아무리 더워도 휴게실에 창문 하나 낼 수 없어 생을 마감한 '그' 노동자의 비극을 덮을 수 없다. 손가락 절단 사고가 과거보다 줄었다고 해서 허술한 안전장치 때문에 끔찍하게 죽는 '그' 노동자의 불행이 기쁨으로 둔갑될 수 없다. 모든 것이 다 배달되면서 개인의 편리가 증가했다는 사실이 하루 열다섯 시간씩 배달하는 '그' 사람의 고충을 해결하지 않는다. 여성도 차별 없이 교육받는다는 변화된 통계자료가 데이트 폭력으로 목숨을 잃을 수 있는 '그' 당사자의 불안한 마음을 줄여주지 않는다.

인류가 전염병을 극복하고 평균수명이 증가했다는 좋은 뉴스가 비만 오면 똥물이 역류하는 반지하방에서 살아가는 사람들의

'오늘' 겪는 서러움을 치유해줄 리 만무하다. 재래식 화장실이 사라졌다고 해서 임대아파트 주민들이 주변의 차별 때문에 '오늘' 느낀 수치심은 사라지지 않는다.

낙관주의자들은 '왜 세상이 좋아진 사실을 인정하지 않느냐'고 하지만 누구도 그 사실을 부정한 적 없다. 다만, 좋은 세상은 긍정의 자세로만 만들어지지 않는다. '더' 평등한 세상은 '더' 불평등한 세상을 찾아야지만 가능하다. 자신이 살아가는 세상을 의심하는 비관적 자세는 낙관적 결과를 만들기 위해 반드시 필요하다. 이를 회피하는 것은 세상의 변화를 원치 않는 기득권의 익숙한 습관일 뿐이다.

'예전보다 나아졌다'는 하나의 팩트만이 부유하면, '그때 그 시절 덕택에' 집집마다 자동차 굴리는 것 아니냐는 사람이 등장한다. 군부독재를 긍정하고 나아가 일제강점기도 우리에게 도움이 되었다는 식으로 해석하는 놀라운 사람이 이 땅에 있는 이유다.

2

모두 똑같이 위태롭지는 않다

_시민의식 '만' 강요하는 사람들에게

> 코로나19 사태가 터지고 마스크 대란이 일어났습니다. 마트 앞에
> 는 새벽부터 사람들이 몰려와서 장사진을 이뤘지요. 이때, 시민의
> 식이 부족하다면서 쓴소리를 하는 고상한 학자들이 있었습니다. 하
> 긴, 연구실에 혼자 앉아 있는 사람에게 '거리두기'가 무슨 공포였겠
> 습니까.

코로나19 사태가 끝나면 가진 자와 못 가진 자의 간격은 더 벌
어질 것이다. 사람들은 보았다. 누구는 재택근무를 하지만 누구
는 마스크 하나에 의지한 채 계속 일을 해야만 한다는 것을. 집
안에 격리되어 자신의 휴가를 사용하는 이도 억울하겠지만 해

고 통보를 받는 사람만큼은 아닐 것이다. 같은 난리통이지만 다르게 허우적거리는 차이는 노동의 형태와 무관하지 않다. 세상이 멈추니 삶도 멈춰지는 사람들은 언제나 성실한들, 평소에 절약한들, 추락을 막을 수가 없다.

약자라는 이유로 삶이 위태로워지는 모습을 본 사람들은 어떻게 살아갈까? 안정적인 일자리에 집착하는 것은 물론이고 이를 가능케 하는 대학 이름에 대한 강박은 증가할 것이다. 좁은 관문을 통과하기 위해 모든 것을 경쟁하게 되면 금수저의 위력이 커지니 반대편의 수저들은 별다른 꿈도 꾸지 못하고 막다른 골목에서 힘들어한다. 방황하는 청년들이 이상한 종교 공동체에 집착하는 것은 당연하다. 지금처럼, 앞으로도.

코로나19 사태가 끝나면 성별에 따른 간격은 더 벌어질 것이다. 사람들은 보았다. 학교와 어린이집이 문을 닫으니 부모 중 누가 더 좌불안석인지를. 평소에도 아이가 있는 여성은 회사에 충성하지 않는다는 눈총과 자녀를 방치한다는 원망 속에서 힘들어했는데 상황이 틀어지니 답이 없다. 과거에 알파걸이었든 현재에 슈퍼맘이든 부질없다. 앞으로는 경단녀다.

여성이기에 위태로워져야 하는 세상 물정을 목격한 이들은 어떻게 살아갈까? 여성의 진로는 더 좁아질 것이다. '살아보니' 어쩔 수 없다는 경험 사례는 '공부 잘하면 교대 가라'는 무례한 조언으로 이어진다. 다른 전공을 선택한들 고시 합격만이 유일한

탈출구처럼 개인을 짓누른다. 이들 중 성공한 일부는 '프로페셔 널한 여성'으로 포장되어 유리천장에 막힌 다수를 핍박하는 소 재가 된다. 사회에서 여성의 입지가 좁아지면 가정에서는 '모성 애'를 발현하여 정체성을 찾는 엄마들이 많아지고 워킹맘은 죄 책감에 시달린다. 지금처럼, 앞으로도.

 '한 달 벌어 한 달 먹고사는 사람'과 '하루 벌어 하루 먹고사는 사람'은 오십보백보가 아니다. 오십보만보다. 자가 격리하는 2주 를 휴식으로 생각할 수 있는 사람과 아닌 사람은 정신력의 차이 로 구분할 수 없다. 2주 후에 다시 일터로 돌아갈 수 있는 사람과 아닌 사람은 같은 공포의 크기를 가질 수 없다. 안정된 직장이라 할지라도 2주의 업무 공백을 만회하지 못하면 결국 떠나야 하는 시스템에 갇힌 사람들도 많다. 또 2주 때문에 최악의 경우가 발 생해도 다시 일어설 수 있는 환경을 가진 사람도 있지만 '그날부 터' 걷잡을 수 없는 속도로 인생의 하강곡선이 그려질 사람이 있 다. 개인의 의지가 부족해서이겠는가. 이런 사회라서 이상한 종교 가 번성하고, 약자들은 다시 위험에 빠지는 모습이 너무 슬프다.

 모두가 절벽 끝에서 위태로워하지만 바람이 부니 떨어지는 사 람은 모두가 아니다. 누구나 하루, 한 달, 일 년을 걱정하지만 그 빈도와 강도는 천차만별이다. 낭떠러지에서 별다른 안전장치 없 이 버티던 인생부터 꼬였다. 일부에서는 사람들의 마스크 집착 이 이성적이지 못하다고 비판하지만 공포라는 심리적 감정은 질병의 과학적 사실과 비례해 정량적으로 형성되지 않는다. 발을 딛고 있는 얼음판의 두께가 약한 사람들은 냉정히 언론을 선별할 시간도, 공동체의 미래를 장기적 안목에서 고민할 여유도 없다. 오늘 버텨내지 못하면 내일이 없는 이들은 누구를 시켜서라도 마스크부터 구해야 한다. 그런 자녀들에게 걱정을 끼칠 것이 두려운 노인들은 아픈 다리를 무릅쓰고 약국에 가서 몇 시간을 기다린다.

사회적 거리두기는 사람의 의지로만 실천되지 않는다. 내가 '사회적 거리두기 3단계만이 해법이다'라고 주장하는 전문가들의 입장을 이해하면서도 동의하기 힘든 이유다. 일상의 속도를 늦추는 훈련을 한국사회는 한 적이 없다. 늘 달렸고 바빴다. 그러지 않으면 도태되어도 마땅한 게 되니 별수 없다. 그러지 않아도 되는 세상이었다면 지금처럼 난리를 치지 않았을 것이다. 과감하게 3단계를 실시해도 충격은 감당할 만한 것이었을지도 모른다.

차분히 상황을 지켜볼 지혜는 정신력의 차원이 아니다. 평범하게 살아도 누구나 인간의 존엄성을 보장받는 사회였다면 우리는 지금처럼 공포심을 느끼지도, 유난을 떨지도 않았을 것이다.

3

뉴스 상단에 '오늘의 산재'를

_수요와 공급의 법칙만이 전부라는 사람에게

> 매일 10시, 어제 발생한 산업재해 사고가 몇 건이고 사망자와 부상
> 자가 몇 명인지 노동부장관이 브리핑을 합니다. 역학조사 결과도
> 발표되죠. ○○기업의 규정 위반과 ○○업체의 부당한 지시가 알려
> 집니다. 국무총리는 아예 현장에 상주합니다. 이러면 세상이 달라
> 지겠지요.

대학의 청소노동자들이 임금인상을 요구하며 파업을 하는 경우
를 종종 봤다. 나는 시간강사에 불과했지만 그래도 교육자라는 생
각에, 학교 곳곳이 쓰레기로 넘쳐나는 상황을 학생들이 불편함만
으로 느끼지 않았으면 한다고 가볍게 강의시간에 다룬 바 있다.

그때 누군가 당당하게 했던 말이 10년이 지나서도 기억난다.

"수요와 공급이잖아요. 현재 급여로도 청소일을 하겠다는 사람이 많은데, 저 사람들 말을 학교가 들어줄 필요가 없죠."

대학의 분위기는 오래전부터 이러했다. 돈이 안 된다는 학문은 무시당했고, '효율성'을 중시하는 학과만 몸집이 커졌다. 구성원의 성분이 편향적이니, 여기서는 의견을 모은들 비용 절감, 이윤증가의 법칙만이 부유한다. 시장경제를 신줏단지처럼 모시는 교수들이 많은 곳에서 학생들은 공부를 열심히 할수록, 노동을 수요와 공급이라는 제한된 언어로만 이해한다. 왜 양질의 일자리가 줄었는지, 왜 양질이 아닌 일자리에도 사람이 몰리는지에 대한 고민은 없다.

이런 사람들이 대학을 졸업하고 회사에 모여 고민을 한다. 자신을 노동자가 아니라 관리자로 여기는 이들끼리의 집단지성은 끔찍하다. 아이디어를 창의적으로 낼수록 노동자의 존엄성은 짓밟힌다. 다급한 사람의 약점을 이용한 묘수는 참담하다. 삶을 포기하면 최저임금보다는 더 벌 수 있고 여기에 목숨까지 걸면 한 달에 200만 원은 가능하다는 것을 상생처럼 포장한다. 비판하면 이러쿵저러쿵 변명하지만 결국엔 수요와 공급이다.

X축과 Y축 어딘가에 점으로 찍혀 위험한 일도 '하려는 사람'이 되어버린 이들은 '안 죽으면 다행'인 일터로 나간다. 어제 별일 없었으니 오늘도 괜찮을 거라고 믿어야 하는 공간에서, 저번

에 문제없었으니 이번에도 무탈할 것이라고 체념하며 열 시간을 버텨서 받는 10만 원에 감지덕지한다. 9만 원에라도 일하겠다는 사람들이 넘쳐나기에, 안전 따위는 아껴야 하는 비용으로 여기는 소굴에 별수 없이 발을 딛는다. 업체는 이들을 좋아한다. 일용직이고 노조를 만들 낌새도 없다. 수일에 나눠서 할 일을 하루에 몰아도 군말 없고, 동시에 작업하면 안 되는 사람들끼리 엉킨들 어떻게든 움직인다. 이때부터 매뉴얼은 쓸데없는 규제가 된다.

물류창고 공사장에서 화재가 나서 38명의 노동자가 사망한 사건이 있었다. 코로나19 위기를 잘 이겨내고 있다며 여기저기서 으쓱하기 바쁜 가운데, 마치 '이 나라가 선진국이라고?'라고 말해주는 참사였다. 다양한 원인들이 있겠지만 무엇이든 빌어먹을 수요와 공급의 법칙으로 설명될 수 있기에 더 끔찍하다. 최저가로 물류창고를 짓겠다는 업체가 있었고, 그 최저가에 맞추기 위해 줄어든 공사기간에 수긍하는 하청업체가 있었을 것이다. 그리고 여기저기서 '급구'라는 공지를 보고 사람들이 몰려왔을 것이다. 이건 자유시장 경제체제의 참혹한 결과이지, 그래프를 그려가며 설명될 사건이 아니다.

방역에 성공한 것처럼, 노동을 대하면 된다. 뉴스 상단엔 '오늘의 산재사고'가 하루도 빠짐없이 등장하고 전문가들은 '어떻게 해야 사고를 줄일 수 있는가'를 논의하자. 코로나19의 입장도 이해하자면서 바이러스도 먹고살아야 하지 않냐고 말하지 않는 것처럼, 기업을 두둔하지는 말자. 고용노동부 장관은 정례 브리핑을 하고 지자체에선 단속하고 벌금을 물리고 소송도 불사하자. 나쁜 기업을 발견하면 역학조사해서 그딴 '발상의 전환'을 가능케 한 이론을 찾아내자. 그렇게 안 했으니 사람이 죽은 것이다. 안 하면 또 사람이 죽을 것이다.

4

12년간 한 푼도 오르지 않았다

_지식 노동의 박한 단가를 모르는 사람들에게

> 대학 강의를 하나 해달라고 정중히 부탁하는 교수도 있지만 대단
> 한 특혜라도 베풀어준다고 착각하는 교수들이 있죠. 놀라운 건, 거
> 절하면 '돈독 올랐어?'라는 표정으로 반응하는 경우도 종종 있다는
> 사실. 모두가 자기처럼 집안이 빵빵한 줄 아나봅니다.

'강연 요청'이라는 제목의 메일을 여는 순간 동공이 흔들렸다. 딱
50분만 대기업 임원들 대상으로 조찬강연을 해달라면서 "약소
해서 죄송하다"는 표현과 함께 제안된 강연료는 입이 벌어질 정
도였다. 사람들이 기업 전문강사가 되려고 기를 쓰는 이유를 알
만했다. 게다가 너무 논쟁적인 주제는 피해달라면서 평소 책에

서 하던 이야기를 가볍게 언급하면 충분하다니 체력적으로 힘든 것도 없는 금상첨화다. 최저임금으로 하루 여덟 시간씩 한 달을 일해도 벌 수 없는 금액을 한 시간 만에 벌 수 있다니 어찌 호흡이 가빠지지 않겠는가.

하지만 수락하지 못했다. 하필 그날이 대학교 개강일이었다. 수업시간인 9시까지 도착할 수 없는 일정이라 아쉽지만 거절했다. 휴강의 유혹도 있었으나 내가 그래도 대학 교육자라는 사실을 차마 스스로 부정할 순 없었다.

날이 겹쳤기에 고상하게 마무리했을 뿐이다. 복권 당첨을 눈앞에서 놓치는 경우를 예방하려면 앞으로 대학 강의를 그만두는 게 나을지도 모르겠다.

나는 한 번에 75분 강의를 하기 위해 왕복 세 시간을 이동한다. 이 짓을 한 달에 여덟 번을 하고 시간당 6만 원 기준으로 72만 원을(세전) 4개월 동안 받는다. 한 번 강의에 9만 원인 셈이다. 과제와 시험을 채점하고 첨삭하여 돌려주는 초과노동은 기본이다. 출결 사항을 학교 시스템에 직접 입력하고 사이버 캠퍼스에 올라오는 학생들의 질문에 답하는 시간도 만만치 않다.

그런데 과제도 시험도 없는 기업 강연을 한 시간만 하면 대학 시간당 강의료의 서른 배가 넘는 돈을 벌 수 있다. 알고 보니 내가 제안 받은 금액은 방송에 자주 나오는 스타강사나, 석학 수준의 명사들이 받는 금액에 비해 터무니없는 낮은 금액이었다. 그럼에도 대학 시간강사 월급의 3개월 치보다 많았다. 재미난 사실은 내가 대학에서 받는 시급 6만 원은 사립대학 중 그리 나쁘지 않은 수준이라는 것(이 글을 쓴 다음 "저 정도면 많이 받는 편"이라는 다른 강사들의 푸념을 자주 들었다).

배알이 꼴려서가 아니라 대학이 너무 우습다는 것이다. 객관적으로 지식 노동에 대한 단가가 너무 낮다. "규정상 어쩔 수 없다"면서 제안하는 고등학교 특강도 30만 원 아래로는 강사 초빙 자체가 언감생심이다. "비영리 조직이라 형편이 좋지 않다"는 시민단체에서도 최소 20만 원은 테이블에 올려놓고 딱 한 번만 와 달라고 부탁한다. 요즘 대학생들이 고등학교 3학년을 대상으로 과외 교습을 하면 주 2회, 1회에 두 시간 기준으로 최소 50만 원은 받는다. 시간강사와 이들은 진배없다.

좋게 생각하려고도 했다. 최저임금에 비하면 시간당 높은 급여라고 위로하며 전국을 돌아다녔다. 젊었을 때는 강의를 아홉 개나(27학점) 맡아 그저 매달 들어오는 돈을 보고 웃기도 했다. 하지만 시간강사 경력은 교수 채용 과정에서 아무런 의미가 없다. 오히려 책 읽고 논문 쓸 시간에 '돈독이 올라' 강의나 돌아다녔다는 책임만을 혹독하게 질 뿐이다.

안정적이지 않기에 평생 시간강사만 해야 할 운명과 마주할 수밖에 없는데 나이 사십이 넘어가면 몸과 마음이 지쳐서 여기저기 떠돌기도 어렵다. 대학생을 가르친다는 것은 무척이나 영광스러운 노동이겠으나 자본주의 사회에서 버티지 못하는 영광이 무슨 소용인가. 크게 바라지도 않았다. 다음 학기에도 강의가 지속되는지를 제때라도 알려주면 좋겠지만, 12년간 열두 개 대학에서 강의를 하면서 그런 시스템을 경험한 적은 없다. 강사는 일방적인 통보를 마냥 기다린다. 왜? 대학은 강사를 그렇게 대해도 괜찮기 때문이다.

대학은 시간강사 없이 자신들이 원하는 서비스를 제공해줄 수 없는 구조다. 기능적으로 시간강사는 대학에서 필요한 존재지만 대우는 형편없다. 대학이 정식 교수가 아닌 다른 연구자들을 바라보는 눈높이가 이를 증명한다. 강의전담교원이나 연구교수 같은 이름만 그럴싸한 타이틀을 얻고 1~2년 후 해고될 사람들이 받는 급여는 한 달에 250만 원 남짓이다. 나 역시 제안을 받은 적이 있지만 직장인처럼 출퇴근하면서 연봉 3천만 원을 받고는 4인 가족을 부양할 자신이 없어서 거절한 경우가 다반사다.

이런 현실을 비판하는 것이 사회학인지라 나는 강의 때마다 최소 1분은 "내가 이 돈으로 강의해야 하나"면서 신세 한탄을 마다하지 않았다. 수업과 상관없는 이야기를 했다고 학생들이 학교에 항의해 강사 재위촉이 되든 말든 상관없다. 그 돈은 '없어도' 사람의 생활을 아프게 할 수준조차 되지 않는다. 아니 '있어도' 아픔을 치유할 수준도 아니다.

이 글을 쓰고 1년 후, 나는 모든 대학 강의를 정리했다. 10년간 출강했던 대학에 그만두겠다는 의사를 행정실에 밝혔는데 돌아온 대답은 "알겠어요"였다. 10년 근속상까지는 아니지만 "열악한 환경에서도 최선을 다해주셔서 정말 감사합니다" 정도는 기대했는데 역시나 착각이었다.

게다가 얼마 전에는 한 대학에서 교육부 감사에 대비한다면서 3년 전 출강 당시의 강의 세부 내역을 보고하라는 명령조의 메일을 보냈다. 추후에 자료를 더 요청할 수 있다는 엄포도 포함되었다. 마치 조직 내부에서 수직적으로 하달되는 지침 같았다. 행정문서가 자기 멋대로 정한 일자까지 오고 가려면 서로 간에 얽혀 있는 무엇이 존재해야 한다. 학교로부터 10원도 받지 않은 사람에게 엑셀 파일 작성을 부탁하려면 정중하기라도 해야 하는데 대학은 여전히 무례하다.

5

장학금과 금지된 뮤지컬 관람

_ 가난한 사람답게 살라는 사람들에게

> 흑인이 더 백인영어를 구사하려고 하고, 여성은 스스로를 더 아름
> 답게 가꾸고, 장애인은 불굴의 의지를 드러냅니다. 그래야 "넌 좀
> 다르네!"라는 소리를 들을 수 있으니까요. 이처럼 차별받는 사람들
> 은 노련하게 살아남는 법을 체득하죠.

대학원 시절에 나는 장학금을 자주 받았다. 그것도 대학원생들
이 가장 좋아하는 묻지도 따지지도 않는 장학금이었다. 돈을 받
았다고 연구 성과를 억지로 내야 할 부담이 없으니 누구나 군침
을 흘렸다. 하지만 이런 장학금은 자수성가한 기업인이 후원하
는 형태가 많아서 수혜자의 조건이 굉장히 선명해야 한다. 학교

관계자나 학과 교수가 해당자를 추천하는 간단한 절차지만, 고배를 마신 자를 납득시킬 이유가 로또 당첨자에게 있어야 논란이 발생하지 않아서다.

나는 이 바닥에서 최고의 적임자였다. 내가 힘든 환경에서도 성실하게 살고 있음을 '표면적으로' 증명할 수 있어서였다. 나는 고시원과 옥탑방에서 5년을 살았고 그 시절 내내 신문 배달을 했다. 다른 사람보다 형편이 나빴다는 것이 아니라 이런 상황이 풍기는 상징성이 고만고만한 무리들이 모인 곳에서 군계일학이 되기에 충분했다.

장학금을 추천하는 자가 새벽 두 시부터 신문을 배달하고 학교에 와서 강의를 듣고 저녁에는 야간대학원에서 조교로 근무하는 나를 먼저 떠올리는 것은 당연했다. 뭐랄까, 나는 의도한 바는 아니었으나 장학금을 받기에 적절한 요소를 외부에 매우 강하게 풍기는 사람이었던 것이다.

그러나 행운이 자신에게 오길 기대했던 이들은 수군거렸다. 오찬호가 실제로는 나름 중산층 집안인데, 단지 독립심이 강해서 일부러 힘들게 사는 거라는 놀라운 이야기도 부유했다. 대학 신입생도 아니고 이십 대 후반의 성인들이 모인 곳에서, 집안의 경제력이 어떠하냐는 것은 본질이 아닌데 대단한 문제처럼 언급하는 일부의 절박함이 도무지 이해되지 않았다.

이런 일도 있었다. 그날은 내가 뮤지컬을 생애 처음으로 관람하기로 한 날이어서 무척 들떠 있을 때였는데 누군가 비열하게 비꼬았다.

"완전 부르주아네. 가난하다면서 장학금은 다 챙겨 먹고 할 거는 다 하고 사네."

장학금을 받는다고 눈치 보고 살아야 하냐고 따졌어야 했지만 그러지 못했다. 장학금으로 생활의 품격을 넓히는 게 무슨 문제냐고 설명해야 했지만, 행동의 반경이 제한되는 게 가난의 자격이라고 믿는 사람을 이해시킬 자신이 없었다. 뮤지컬 세계를 직접 눈으로 볼 기회도 포기했다. 그래야만 불평등을 비판하는 '노동하는 대학원생'의 성실한 모습이 유지되었다. 누가 보더라도 장학금을 받는 사람답게, 신문 배달부답게 살아야지 무탈했다. 그렇게 나는 개인의 문화 향유가 깊어질 수 있는 중요한 순간에서 멀어졌다.

부메랑은 날카롭게 돌아왔다. 시간강사가 되어 '대중예술의 이해'라는 강의를 5년간 한 적이 있었는데, 이때 학생들로부터 자주 들은 말이 뮤지컬을 다루지 않아서 아쉽다는 거였다. 뮤지컬을 본 적이 없는데 제대로 접근하기가 쉽겠는가. 강의를 위해 뮤지컬 형태의 영화 〈레미제라블Les Miserables〉을 꼭 봐야 할 상황이 있었는데 노래만으로 서사가 전개되는 상황이 너무 어색해서 홀로 집중하지 못한 적도 있었다. 10여 년 전, 새로운 장르의 문턱을 넘었다면 이토록 낯설진 않았을 것이다.

진짜 뮤지컬을 본 것은 신문 배달을 그만두고도 12년이 지나서다. 그것도 열한 살 딸이 〈신과 함께〉 뮤지컬을 보고 싶다고 했기에 가능했다. '영화와는 다른 뮤지컬만의 새로운 느낌', 딸과 나는 이를 경험했다. 하지만 마흔 살이 넘어서야 노래가 영화 대사처럼 가슴에 꽂히는 게 무엇인지 알게 된 나와 초등학생 때부터 여러 예술을 자연스럽게 체험하는 순간을 차곡차곡 쌓아간 사람의 삶의 태도가 같지는 않을 것이다. 예술의 궁극적 가치가 다양성의 미학이라는 점을 볼 때, 내 딸은 장학금과 뮤지컬 관람을 '가난한 사람답게'라는 편견과 연결해서 생각하지는 않을 것이다.

온 국민이 악기 하나쯤은 다룰 수 있는 세상을 꿈꿨던 진보정치인 노회찬이 허망하게 우리 곁을 떠났다. 그는 죽기 직전까지 '노동자를 대변하는 사람인데 가증스럽게도 그의 아내에겐 전용 운전기사가 있다'는 나쁜 기사와 마주했다. 실제로는 그렇지 않다는 사실보다 더 중요한 것은 이 경악스러운 프레임이 곳곳에서 가난한 사람들을 얽매이게 하고, 그 사람을 물질적이든 정신적이든 계속 가난한 상태로 머무르도록 한다는 점이다.

많은 이들이 노회찬을 좋아한 이유는 추잡한 이미지 공작들 사이에서도 진보의 가치를 유쾌하게 전달했던 그의 입에서 진정한 행복을 상상할 수 있어서였다.

지금은 모차르트가 살던 1700년대가 아니다. 일부만이 음악을 향유했던 시절은 끝났다. 누구나 뮤지컬 관람을 할 수 있는 사회, 첼로를 연주할 줄 아는 그가 원한 세상일 것이다.

6

소수의 희극이 다수의 비극을 덮다

_ '행복은 마음먹기에 달렸다'라는 사람들에게

한 번 결심하면 뒤돌아보지 않고 전진하기. 시작했으면 끝장을 볼 것. 목숨을 걸고 노력하기 등등. 가슴이 울리는 말이죠. 하지만 다이어트 하면서나 할 말을 삶이 위태로운 사람 앞에서 하면 안 되죠. 세상이 모두를 같은 무게로 누르겠습니까.

2019년 말, 친구가 사업을 시작한다기에 열렬히 응원했다. 새 인생을 축하하며 소주 한 잔도 기울였다. 2020년을 예측하는 책들을 모조리 읽었다는 친구는 자신감이 대단했다.

이후 어떻게 되었는지는 모두가 짐작하는 대로다. 트렌드 분석 전문가들이 일언반구조차 하지 않았던 상황이 등장하자 굳은 결의로 닻을 올렸던 배는 침몰한다. 직원들이 "아무것도 안 하면서 월급 받는 게 미안하다"면서 자진 퇴사를 했을 정도다. 친구는 소상공인 특별대출을 받기 위해 새벽 한 시부터 대기하고 있는 사진을 내게 보냈다. 차마 "어떻게든 버티라고" 말할 수도 없었다. 2주 격리되면, '노트북을 챙겨갈 수 있는지' 따위를 걱정했던 내가 어찌 그의 고통을 가늠할 수 있겠는가.

초유의 일이다. IMF 외환위기 때보다 후유증이 심할 것이라는 분석이 여기저기서 등장한다. 신호는 감지된다. 구조조정으로 해고되고 아이 돌봄 문제로 경력이 단절되었다는 사람들이 여럿이다. 외부 충격은 고스란히 내부로 전달된다. 예민해진 사람들이 거리두기조차 불가능한 좁은 집에서 매일 부대끼니 어찌 시한폭탄이 터지지 않겠는가. 코로나19 이후, 가정폭력과 아동학대에 노출된 사람들이 많아졌다. 이미 여러 가정이 '다시 예전으로 돌아갈 수' 없는 지경에 이르렀다(실제 통계에는 미국과 유럽은 증가하지만 한국은 감소하는 경향이 확인되는데, 이는 가해자와 함께 있어서 상담이나 신고가 어려웠음을 뜻한다. 성차별이 심한 곳일수록 이런 경향이 짙다).

1997~1998년에도 그랬다. 전무후무한 국가 부도 위기를 겪으며 사람들은 인생의 패러다임을 송두리째 바꿨다. 어떻게든 나부터 살고 보겠다는, 오직 각자도생의 철학만이 모든 분야를 지배했다. 부동산 투기는 투자가 되었고, 조기교육은 적기교육으로 둔갑했다. 돈 이외의 가치가 있음을 알려준 인문학은 돈이 안

된다는 오명 속에 퇴출당했다. 욕망의 컨베이어 벨트는 일부의 성공사례로 대중을 유혹하는 '자기계발'이란 초강력 연료로 맹렬히 움직였다. 그 결과, 행복도 '쟁취'의 대상이 되었다. 다른 말로, '불행을 이겨내지 못한 자'가 행복을 운운하는 것은 노력하지 않는 자의 도둑놈 심보로 취급당했다.

지금도 그럴 조짐이 보인다. '위기를 기회로'라는 말에 익숙한 사람들의 무용담 대잔치가 여기저기서 등장하고 있다. 집에서도 운동을 멈추지 않았다, 집필에 전념했다, 1인 방송에 뛰어들었다 등등 자신은 모두에게 주어진 '같은' 시간을 '다르게' 사용했다면서 자랑하기 바쁘다.

자화자찬으로 끝나면 다행이다. 하지만 '그럴 수 있었던' 조건을 쏙 빼버린 개인의 고난 극복기가 인생의 진리처럼 포장되면 '불가능은 없다'는 무례한 결론이 도출된다. 긴 터널 속에서 휘청거리는 사람들이 농락당하는 판이 만들어지는 것이다.

행복과 노력을 결부시키면 위험하다. 특히, 사회가 흔들릴 때의 이런 조합은 '넘어진 사람'의 뒤통수를 가격하는 부메랑에 불과하다. 다수의 비극이 소수의 희극에 덮이면 되겠는가. 우리는 결코 공평하게 위기에 처하지 않았다. 불행은 가장 아래에서 고군분투하는 사람의 삶부터 야금야금 씹어 먹는 굉장히 정직한 녀석이다.

모두 다 그러하니 행복은 생각하기 나름이라는 말은 위험하다. 내가 친구에게 별말도 하지 못한 이유다. 비틀거리면 사람은 다치는 거지, 생각하기에 따라 아프지 않은 게 아니다. 덜 비틀거릴 사회를 만드는 것만이 행복한 사람이 늘어나는 유일한 방법이다.

7

자기소'설'서 과잉의 시대

_ 긍정과 열정이 모든 것이라는 사람들에게

"그런 건 시험에 안 나오잖아." 오랫동안 한국사회에 존재했던 기준이었죠. 내용이 무엇이든 평가받지 않는 건 중요한 게 아니었죠. "자기소개서에 적을 내용도 아니잖아." 할지 안 할지를 판단할 잣대가 하나 더 생겼습니다. 심지어 성격도 미리 개조해야 하죠.

그릇된 고정관념이 일상에 얼마나 만연한지를 확인하는 글쓰기 강의를 대학에서 했었다. 만연하다는 것은 많은 사람들이 피해자로서 살아가기도 하지만 그만큼 가해자이기도 하다는 뜻이다. 이상한 문화를 쉽사리 거부하지 못한 채, 관성에 젖어 저지르는 자신의 과오를 '모름지기 인간의 생각'으로 이해하는 사람

1부 행복은 생각하기 나름이 아니다 39

들이 많다. 나는 학생들이 사회학을 현미경 삼아 자신의 순간순간을 관찰하여 차별과 혐오의 씨앗을 발견하고 성찰하도록 돕는 역할을 한다. 학력차별에 둔감한, 성별 차이를 분류하는 데 익숙한, 거대 자본의 소비문화에 길들여진 '한국 사람들'에 자신이 예외일 리 있겠는가.

솔직한 자기 반성을 글로 표현하는 방향성이 비교적 명료한 수업이지만, 도무지 적용하기 어렵다는 '요즘' 학생들이 많다. 대면 첨삭을 하는데 이렇게 토로하는 취업준비생이 있었다.

"태어나서 한 번도 그런 글쓰기를 해 본 적이 없잖아요."

그런 글이란 무엇이냐고 묻자 사회적 의미를 듬뿍 담은 답이 돌아온다.

"스스로가 보잘것없다고 말해야 하잖아요. 이 수업의 글쓰기는 자신이 얼마나 부족한지를 경쟁하는 식인데, 그건 금기잖아요. 우리 세대에."

답답했지만, 어떤 식으로든 '긍정의 기운'이 넘실거리도록 한쪽의 방향으로만 글쓰기를 해서 자신을 그럴듯하게 포장해야 하는 요즘의 취업 준비를 생각하면 얼토당토않다고 할 수 없는 하소연이었다. 이들에게 부족함은 극복했을 때나 혹은 극복 중일 때만 스토리의 소재가 될 수 있다. 이를 거부하고 자기를 있는 그대로 드러내는 순진한 자기소개서는 없다. 언제나 자신의 장점만을 도드라지게 다뤄야 한다. 단점을 나열한다는 건 '귀사에 입사할 생각이 없다'는 뜻이다.

사회가 요구하는 장점이 시민으로서 지녀야 할 덕목이면 거짓말을 보태서 자신을 포장하는 게 무엇이 문제이겠는가. 그렇게라도 모범상이 만들어지고 모두가 이를 좇는다면 인류는 행복할 것이다. 하지만 자기소개서에서 다루어야 할 장점은 인류의 미래를 걱정하는 것과 무관하다. 경쟁과 승자독식을 인정하고 학력차별이 어느 정도는 필요하다는 문장만이 공백을 채우는 데 허락된다. 협력의 정신은 내부고발은 하지 않겠다는 다짐으로서 강조되어야 하며, 성차별은 반대하지만 또한 전통을 존중하기에 너무 예민하게 굴지 않겠다는 각오를 드러내야 한다. 이런 태도는 사회 탓은 하지 않고 열정으로 도전하겠다는 그릇된 '외향성' 신화와 결합하여 바른 가치로 둔갑한다.

취업이야 언제나 기득권에 눈치 보는 것 아니냐고 할 수도 있지만, 굴욕을 겪는 시기가 너무 빨라졌다. 취업난이라는 현실론에 굴복하여 대학교 글쓰기 수업이 자기소개서 작성법으로 대체된 수준이 아니다. 대학 입시는 물론이고 고등학교 진학에도 지켜지지도 않을 학업계획서와 자기부정의 자기소개서를 작성해야 한다. 그러니 고등학생들이 전문 컨설턴트에게 상담을 받고 이를 인터넷에서 공유한다. 이제는 학생들끼리도 이런 평가가 익숙해져서인지 학생회나 동아리 가입에 자기소개서가 요구되는 지경이다. 중학교에서도 자기소개서를 작성하라고 해서 초등학교 졸업을 앞둔 이들이 자신을 허상으로 만들어야 하는 고뇌에 빠지는 경우도 종종 있다.

　태어나서 죽을 때까지 때깔 좋은 포장지로 자신을 덮을 수밖에 없는 게 자본주의 사회를 살아가야 하는 사람의 팔자일지도 모른다. 하지만 그 허무를 이른 나이에 마주하는 것은 우려된다. 어른들도 자신을 포장하며 떠벌렸던 장점 중 하나인 '버티기'를 하려다가 이리저리 치여서 힘들어한다. 그래서 산골짜기 묵언 수행자들이나 실천할 수 있는 득도의 자세로 무너진 자존감을 애써 끌어올리려고 발버둥인데, 이 모순을 사회로 들어오기 전부터 뼈저리게 느끼는 자들이 남은 생애 동안 기성세대와 공동체를 불신하고 나아가 자신조차 혐오하는 것은 당연한 이치다. 성찰의 자기소개서가 아닌 패기의 기운만이 지배하는 자기소'설'서 과잉의 시대가 만든 끔찍한 결과다.

8

반칙은 누가 하고 있는가

_ 처음부터 정규직과 비정규직으로 구분되었다는 사람들에게

인천국제공항의 보안검색 요원을 정규직으로 전환하겠다고 하자
여러 논란이 일었습니다. 취업 준비 중이라는 명문대 학생은 "청소
라도 해서 정규직 들어갈까 생각도 했어요"라면서 마음에도 없는
말을 합니다. '청소라도'라는 표현은, 청소하는 주제에 무슨 정규직
타령을 하냐는 뜻이겠지요.

당신이 공항의 보안검색 요원이라면, 융단폭격으로 난도질된 몸
으로 제대로 일할 수 있다고 생각하는가? 인천국제공항에만 있
는 사람들인가? 미래에도 인간이 비행기를 타는 한 존재하는 직
업의 종사자들이다. 누구든지 살면서 수십 차례는 만날 그 사람

들 얼굴을 어떻게 보려고 이토록 저열한 언어들을 뱉는가. 수백 명이 탑승하는 비행기의 안전을 책임지는 사람이 '아르바이트 하다가 로또 취업한 인간들'로 취급받는다면 과연 세상은 무탈할까? 수천 명의 안전을 책임지는 사람들이, "공항 검색대에서 일해요"라고 말하는 것을 부끄러워해야 한다? 과연 사회가 상식적으로 돌아갈 수 있을지 의문이다.

정규직 노조에서는 '자회사를 통한 수용'을 합의해놓고 (갑작스럽게 사장이) 지키지 않았다고 항의한다. 그런데 직접고용은 불가하다는 그 합의는 '비정규직 주제에 선을 넘지 말라'는 전제에서 이루어진 것에 불과하다. 자회사보다는 더 안정적인 구조적 전환이 필요하다고 아무리 외쳐도 결론은 마찬가지다. 내가 KTX 비정규직 노동자의 정규직 전환을 반대하는 대학생들의 모습을 다룬 책《우리는 차별에 찬성합니다》(개마고원, 2013)의 사례를 수집하던 2008년도에도, 시험점수를 맹신하는 학력차별을 벽돌 삼아 지어진 성은 난공불락이었다. 생산적인 논쟁의 장을 유도해도 결론은 "날로 정규직이 되려고 하는 도둑놈 심보"였다.

정규직 전환 자체가 절대적인 정의를 뜻하는 것은 아니니, 다양한 각도에서 정책이 사회에 미치는 여파를 따져보는 것이야 자유다. 하지만 오해를 풀자며 사실관계를 따질수록, 어떤 노동자의 소중한 생애는 '공부 안 하고 편히 돈을 벌려고 했던 사람'으로 너무나도 단순하게 정리된다. 상대의 주장을 도덕적으로 문제가 있다고 확신하기에 가능한 무례 아니겠는가. 이는 공부, 시험, 성적 등에 얽힌 수천 개의 변수들을 납작하게 찌그러트리며 살아온 삶의 시간과 비례한다.

인천국제공항 사무직 합격자 중 명문대 출신이 얼마나 되는지, 부모님 직업과 소득, 자산규모 등을 보안검색 직원들과 비교하면 흥미로운 결과가 도출되겠지만 굳이 따지진 않겠다. 두 집단의 어학연수 경험 비율, 평생 사교육비 총액 등을 그래프로 만들면 사회의 교육 불평등이 증명될 선명한 차이가 보이겠지만 그러지 않겠다. 이십 대 중반의 나이가 되어 별다른 경제활동을 하지 않으면서도 몇 년을 종일 공부만 할 수 있는 게 단순히 사람의 의지로만 가능한 게 아니라는 것을 설명할 수는 있지만 덮어두련다. 운이 좋아서 목표의식이 높아지고 남들이 선호하는 직장에 다니는 것을 자신에게 어울리는 급이라고 여기는 것 자체가 죄는 아니니까.

어떻게 그 도전과 열정의 길에 올라탈 수 있었는지를 논하는 것보다 훨씬 더 두터운 이야기를 그 반대편에서 할 수 있을 것이다. 이십 대가 되어서도 공부를 할 수 있었던 상황보단, 이십 대가 되면서부터 밥벌이가 급했던 이유가 훨씬 어둡고 날카롭고 무거울 것이다. 인생을 장기적으로 내다볼 생각조차 못 하고 당장 직업을 구해야만 했던 구구절절한 개인들의 사연을 나열하진 않겠다. 그러니 상대도 예의를 지켜야 한다. 경쟁은 어쩔 수 없어도, 인간들 사이에 존재하는 최소한의 룰이라는 게 있다. 하지만 한쪽에선 '그땐 놀아놓고 지금 왜 불만이냐'면서 빈정댄다. 반칙은 누가 하고 있단 말인가?

자본주의적 시점에선 신의 한 수였다. 불안한 일자리 형태를 많이 만들수록, 노동자들끼리 다툰다는 예측은 완벽했다. 바늘구멍을 통과한 을(정규직)에게 갑(기업)이 괜찮은 보수를 지급하면, 사람들은 '노력이 정당하게 보상받았다'면서 알아서 박수치고 선망한다. 그러면 노동자들 사이에는 공정이란 단어로 포장된 벽이 생겨 을은 결코 섞여서는 안 될 병, 정, 무로 철저하게 구분된다. 그리고 자신이 을 정도는 되리라 희망하는 취업 준비생들은 병, 정, 무의 요구를 마치 자신의 자리를 뺏는 것처럼 느끼며 분노한다.

상대를 괴물로 보면, 괴상한 이야기가 넘쳐난다. 저들이 정규직이 되면 그다음 수순으로는 노조를 만들어 회사를 장악하고 주도권을 잡을 거란다. 마치 '자칫 나라가 위태로울 수 있다'면서 온갖 공작을 일삼았던 과거 안기부의 시나리오를 읊는 수준이다. 원래의 세상이 정규직과 비정규직, 원청과 하청으로 구분되어 있다고 여기기 때문이다. 그래서 '시험 없는' 정규직 전환은 평등, 정의, 공정의 가치를 훼손했다고 부르짖는다. 물론 비정규직 노동자의 인생이 평등하지 않고, 정의로부터 멀어져 있는 것을 공정하지 않다고 바라볼 생각은 하지 않는다.

2부

차별은 생각하기 나름이 아니다

1

이러쿵저러쿵 차별이 아니라고 하네

_ '그럴 만한 이유가 있다'는 사람들에게

> 제주도로 이사를 왔습니다. 아이의 올바른 성장을 위해 바다를 건
> 넜다는 이웃들을 만났어요. 이분들, '코로나19'가 터지자 "권리를
> 지키자!"면서 대구사람 입도를 봉쇄해야 한다고 민원을 넣었어요.
> 스스로를 정의롭다고 생각하면서요.

민주주의를 위해 헌신했다는 그 사람, 집에서는 가부장적이네.
젊을 때는 부모를, 결혼해서는 아내와 자녀를 힘들게 하면서도
당연한 줄만 아네. 자신은 밖에서 힘든 일 한다는 핑계로 차별에
둔감하네. 그러면서 성차별 말만 들으면 요즘 세상 좋아졌다면
서 지금은 남자가 힘든 시대라고 하소연이네. 이러쿵저러쿵 온

갖 이유 만들어 그건 차별이 아니라고 하네.

성차별에 반대한다는 그 사람, 학력주의에는 찬성하네. 대학 이름은 사람의 성실함을 대변한다면서 주변 사람을 무안하게 하네. 비정규직 노동자가 정규직이 되어야 한다는 말만 나오면 노력도 안 하고 무임승차한다며 분노하네. 어쨌든 시험은 노력한 만큼 결과가 나오는 것이기에 공정한 것이라면서, 그 빌어먹을 노력을 동등하게 할 수 없는 사람들을 외면하네. 이러쿵저러쿵 온갖 이유 만들어 그건 차별이 아니라고 하네.

자녀들의 미래를 위해 학력주의를 타파하자는 그 사람, 난민 이야기만 나오면 결사항전을 치를 기세로 반대하네. 딸 가진 부모 입장에서 어쩔 수 없다는 끔찍한 논리로 사람을 괴물로 묘사하네. 특정 지역, 문화, 종교에 대한 왜곡된 정보에 오염되어 그릇된 시야를 가지고 있는 자신이 괴물인 줄 모르네. 관용이 필요하다는 연예인에게 "답답하면 자기 집에 데리고 사세요!"라면서 빈정거리네. 이러쿵저러쿵 온갖 이유 만들어 그건 차별이 아니라고 하네.

이웃을 사랑하라는 종교의 가르침을 실천한다는 그 사람, '성적 지향'이 포함된 차별금지법이 통과되면 한국이 소돔과 고모라 꼴이 날 거라면서 흥분하네. 동성애를 혐오할 자유도 있다면서, 결혼이라는 제도가 이성애자만이 선택할 수 있는 자연적 산물인 양 주장하네. 정상, 비정상이라는 편견 덕택에 성소수자들의 자살률이 더 높다는 현실은 모른 척하고 끊임없이 '고칠 수 있는' 질병 운운하네. 이러쿵저러쿵 온갖 이유 만들어 그건 차별이 아니라고 하네.

인문학만이 미래의 길을 제시한다며 매번 공자를 읊어대던 그 사람, 집값 앞에서 속마음을 감추지 못하네. 동네에 특수학교 들어서는 걸 기필코 막겠다는 주민들의 의견은 인문학의 힘으로 반대하지 않네. 대출 받아 겨우 집을 장만했기에 가족을 위해서 어쩔 수 없다면서 장애인 권리만 권리냐는 이상한 말을 하네. 근처에 청년 임대주택이 조성된다는 말이 나오자 재산권 보장하라면서 띠 두르고 항의하네. 이러쿵저러쿵 온갖 이유 만들어 그건 차별이 아니라고 하네.

기성세대의 기득권에 반대하는 그 사람, 정작 자신이 꼰대인 줄 모르네. 주변에서 무슨 말만 하면 간섭하지 말라면서 벽을 치더니 '○○충蟲'이라면서 사람을 벌레 취급하네. 노키즈존 찬성하더니 전체 관람 영화도 노키즈관 만들어 아이들을 따로 분류하자고 난리네. 밑도 끝도 없이 요즘 부모가 얼마나 진상인 줄 아냐면서 행동의 통제가 아닌 사람 자체를 배제하는 게 소비자의 권리인 양 포장하네. 이러쿵저러쿵 온갖 이유 만들어 그건 차별이 아니라고 하네.

그 사람, 배달노동자가 인사 안 했다고 쯧쯧 혀를 차네. 그 사람, 백화점의 직원이 상냥하지 않다면서 쯧쯧 혀를 차네. 그 사람, 기차역 노숙자를 보며 외국인 보기에 창피하다면서 쯧쯧 혀를 차네. 그 사람, 심지어 사투리 쓴다고 사람을 싫어하네. 그 사람, 외모가 곧 사람의 평소 생활습관이라면서 태연히 혐오하네. 자신은 딱 보면 알 수 있다면서, 자신의 수준을 딱 보여주네. 이러쿵저러쿵 온갖 이유 만들어 그건 차별이 아니라고 하네.

누구는 차별은 인간의 어쩔 수 없는 본성이라고 하네. 그래도 인류가 불평등의 크기를 줄여오지 않았냐고 하면, 유토피아는 없다면서 비꼬네. 사회구조를 탓하면 제발 긍정의 자세를 가지라고 타박하네. 차라리 머리라도 긁적이며, 살아보니 속물일 수밖에 없었다고 반성이라도 하면 다행인데 자유, 권리, 역차별 등의 단어를 멋대로 짜깁기해 차별을 차별이 아니라고 하네. 쾌지나 칭칭 나네~ 차별이 아니라고 하네~

2

예수의 이름으로 차별하는 세상
_ '차별금지법'에 반대하는 사람들에게

> "교회 다니는 사람의 입장에서 동의할 수 없음." 대학에서 강의를
> 하면서 종종 접했던 반응입니다. 재미있는 건 제가 '무신론'을 설파
> 하거나, '종교' 자체를 비판한 적은 없었던 것이지요. 단지, 가족제
> 도의 고정관념을 비판하고 성소수자의 인권을 언급했을 뿐이죠.

독일의 정치 경제학자 칼 마르크스Karl Marx의 사상을 중년 이상
의 사람들에게 설명하는 건 매우 어렵다. 이론 자체의 난해함도
있지만 한국에서 '마르크스주의'는 급진 좌파의 철학적 토대처
럼 여겨져서다. 어떤 대학에서는 마르크스의 《자본론Das Kapital》
을 다룬 강사를 학생이 국정원에 신고한 적도 있었으니 말 다

했다. 군부독재 시절이 아니라 불과 몇 년 전 일이다. 찰스 다윈 Charles Darwin의 진화론을 멋대로 해석한 인종차별주의자들이 있었듯이 공산주의 독재자들이 마르크스의 유물론을 통치 도구로 적절히 포장하여 악용한 것은 사실이다. 문제는 이를 경계하는 쪽에서 '마' 자만 보고도 불온의 딱지를 붙인 역사가 꽤 길다는 데 있다. 투철한 신고 정신은 이런 유산이 여전히 잔재한다는 증거다. 어찌 오육십 대 사람들에게 마르크스를 무난히 전달하는 게 쉽겠는가.

대학 밖에서도 강연을 자주 하는 나로서는 고민이 많았다. 몇 번의 시행착오 끝에 효과가 매우 좋은 설명법을 찾았다. 비교 인물을 함께 언급하니 효과가 더욱 좋았다.

"역사상, 인류에게 영향을 가장 크게 미쳤던 두 명의 사상가로 학자들은 이들을 꼽습니다. 누구일까요? 한 명은 예수입니다. 예수의 실존 유무, 예수 행적의 진위 여부가 중요한 게 아니라 예수라는 인물의 사상을 수용하고 어떻게 해석했는지에 따라 세계사가 격변했다는 분명한 사실을 누구도 부정할 수 없기 때문입니다. 다른 한 명은 바로 마르크스입니다. 한때, 그의 이론이 반영된 사회에서 살아가는 사람이 10억 명이 넘었답니다."

이 설명은 마르크스에 대한 편견을 깨는 것을 넘어 '예수'의 가르침이 오용되는 모습을 꼬집기 위함이기도 하다. 인류에게 영향을 미칠 수 있었던 건, 두 인물이 세상을 원래대로 유지하려는

(보수) 속성보다 개혁을 통해 사회를 변화시키려는(진보) 목적을 지녔기에 가능했다. 예수는 기존 체제와 관습을 정면으로 부정한 혁명가였다. 그릇된 율법을 비판했고 사랑과 평화를 '불평등을 없애는' 동력으로 삼으라고 가르쳤다. 마르크스가 자본주의라는 경제 체제의 모순을 꼬집으면서 자본가에게 착취당하는 노동자에게 강력히 저항하라고 주문했듯이 예수는 사람이 위아래로 구분된다고 믿는 자들에게 하느님 말고는 다 기타 등등에 불과하다고 말씀, 또 말씀하셨다.

오병이어五餅二魚 기적은 빵과 생선이 최고의 음식이라는 뜻도 아니고 어떻게 쪼개야지 5천 명이 먹을 수 있는지를 묻는 수학 질문도 아니다. 사람이라면 존엄하게 살 권리가 있다는 것이 본질이다. 누구도 빈곤하지 않도록 사회의 재원을 잘 분배하는 것이 복지국가의 목표라는 것은 두말하면 잔소리다. '자본주의 사회에서 불평등은 어찌할 수 없잖아'라고 생각하도록 강요하는 세상에 예수는 묵직한 한 방을 미리 날렸던 셈이다. 간음한 여자를 돌로 쳐 죽이려는 군중 앞에서 예수가 "죄 없는 자만이 돌을 던져라"라고 하자 다들 가버렸다는 일화는 사람의 잘못을 사람이 처벌하는 것이 왜 잘못인지를 짚어낸다. 누가 자신을 기분 나쁘게 했다고 개인을 응징할 권리가 자신에게 있다고 착각하는 이들이 많은 오늘날에도 울림이 클 수밖에 없다. 사적인 복수를 허락하는 민주주의 국가란 있을 수 없다. 신뢰받은 공권력으로 행정시스템이 일상의 갈등을 풀어내고 조정되는 것이 상식적인 사회임이 분명하다.

예수 가라사대의 핵심은 '좀더 평등한 세상'을 위해 불평등에 예민하게 반응하자는 것이다. 하지만 오늘날 예수가 그렇게 활용될까? 빨간 십자가가 부동산 간판만큼이나 자주 발견되는 세상에서 '예수'의 이름으로 차별하겠다는 주장이 너무 많다.

동성애를 인정하면 소돔과 고모라 꼴 나기에 결단코 인정할 수 없다는 주장의 출발점은 죄다 《성서》의 한 구절이다. 《성서》가 수천 년 전 농경사회의 관습을 그대로 반영할 수밖에 없었다는 점을 알면 문장 몇 개를 빌미로 타인의 성적 지향을 재단할 순 없다. 《성서》에는 오징어나 새우를 먹지 말라고 경고하고 키 작은 사람이 제단 근처에 가는 것을 금지하는 구절도 있다. 모든 문서가 그렇듯, 《성서》도 사람의 기록 아니겠는가. 자신이 살아가던 시대의 편견이 《성서》를 집필한 아무개를 피해갈 리 있었겠는가.

천주교도 다르지 않다. 여성도 사제가 될 수 있게 해달라는 청원을 들을 생각이 없다. 하느님 '아버지', 내 '아들' 예수 그리스도, 열두 '남자' 사도인 데는 다 이유가 있는 거 아니겠냐는 것이 2천 년간의 논리였다. 설마, 그분께서 '성별 분업'의 효능을 설파하시고자 십자가에 못 박히는 수난까지 당하셨을까.

예수는 격한 언행을 일삼았는데, 지금 예수를 찬양하는 공간에서는 사회를 '진보'시키겠다는 태도를 배척한다. 그리고 차별에 반대하자는 법을 결사적으로 반대한다. 교회에서 강연을 하면, 여기는 정치적인 색깔을 강요하는 곳이 아니라면서 항의하는 분들을 만난다. 나는 이렇게 답한다.

"인류 역사에서 예수보다 정치적이었던 인물이 있었나요?"

3 ——————————————————————

이성애자만 억울할 수는 없다

_동성애자를 싫어할 자유가 있다는 사람들에게

> 미국 연방대법원의 동성결혼 합헌 결정문을 압축하면 이렇죠. "저
> 동성 커플들이 결혼제도를 제일 존중하잖아!" 전통이 파괴되니 어
> 쩌고 하는 사람에게 일침을 가한 소리였죠. 서로 사랑하겠다는데,
> 타인에게 피해가 있을 리가요.

기독교 재단의 대학에서 강의를 할 때였다. 학교의 종교적 지향
성이 무엇이든 나는 차별에 반대하는 사회학을 열심히 강의했
다. 학생들은 인종, 계급, 나아가 '남녀'로 국한된 성차별에 대한
논의까지는 어떻게든 잘 듣는다. 하지만 성소수자로 논의가 확
장되면 난리다.

그 공간을 홈그라운드라고 느끼는 자들의 반론은 거칠고 투박하다. "동성애자에 대한 차별은 반대하지만 동성애를 인정할 수 없다"는 앞뒤 안 맞는 말이 거침없이 등장한다. 황당함에 굳이 대꾸를 안 하면 더 날뛴다. "태초에 신이 인간을 남자와 여자로만 만드셨다"는 말이 나오면 참다못해 내가 중재한다.

"여기는 주일학교가 아닌데요."

다른 학교에서도 마찬가지다. 많은 이들이 사회학 수업에서조차 '성적지향'과 '성적취향'을 구분하지 못하고 "나는 동성애를 혐오할 자유가 있다"는 무서운 주장을 한다. 물리학 수업에서 중력이 없다고 우기는 꼴이지만 평생을 이성애자로 살아온 자신의 관성에 따라 세상을 규정하겠다는 사람은 부지기수다. 여론이 이러하니 한국에서 대통령이 되려는 사람들은 개신교 대표단체에 찾아가 '동성애를 우려한다'는 목사의 말을 듣고 걱정하지 말라는 제스처를 취해야 한다. 동성애 찬반은 토론 자체가 성립될 수 없는 주제지만, 가장 최근의 대통령 후보 토론회도 딱 주일학교 수준이었다.

오랜 역사에서 이성애자가 100퍼센트였던 적은 단 한 번도 없었다. 지금껏 이성애자가 아닌 자를 이성애자로 바꾸려는 수많은 시도들이 있었지만 죄다 실패했다. 그리고 동성애를 인정한 어떤 사회도 동성애가 범람한 적도, 사회가 혼란에 빠진 적도 없다. 이성애자의 앞길이 막힌 적도 없다. '이성애자들이 역차별을 받는다'는 황당한 주장도 등장하지만 존재할 수 없는 일이다. 동성애자는 동성애자와 사랑을 하니 당연하다. 무수한 시행착오를 보았다면 인류가 할 일은 사람을 차별로부터 보호하기 위해 법과 제도를 정비하는 등의 구체적인 노력이다. 철 지난 '정상 이데올로기'를 고수하여 누군가를 아프게 하는 건 결코 사람의 자유가 아니다.

헌법의 양성평등 문구를 '성평등'으로 바꾸면 성소수자가 인정된다고 우려하는데, 그렇게 되기 위해서라도 바꿔야 한다. 사회적 합의 운운하지만 절대다수가 이 개념을 처음 인지할 때 '더럽다'는 표현을 함께 접하는 상황에서, 합의는 차별을 정당화할 뿐이다. 어릴 때부터 "너 게이야?"라는 말을 하거나 들으며 자란 사람들의 의견은 진심일수록 기울어져 있을 뿐이다.

나 역시도 잘못된 정보를 제공했다. 처음 대학 강의를 했던 13년 전의 일이었는데, 본인을 성소수자라고 밝힌 학생으로부터 메일을 한 통 받았다. 차별에 반대하는 수업이 고맙지만 내가 '우리'라는 말을 배타적으로 사용하는 것이 아쉽다는 내용이었다. 나는 이렇게 말하고 있었다.

"동성애자는 우리와 다를 바 없어요. 우리처럼 사랑하는 사람 만나면 사랑하고, 아니면 아닌 거고."

나는 강의실 안의 사람들을 '모두' 이성애자라고 생각하고 말하고 있었던 것이다. 그렇게 단정할 어떤 근거도 없었지만, 이성애자 중심의 세상에서 살아왔던 버릇 때문이었다. 이처럼 그들은 '우리'에 포함될 수 없는 차별을 일상적으로 경험한다. 그러니 양성평등이 아니라 성평등이 되어야 한다. 이 단어의 변화로 지금껏 배제당했던 소수가, 인간이라면 누구나 누려야 할 권리를 얻는 초석이 된다니 박수로 맞이할 일 아니겠는가.

씨앗이 무럭무럭 자라서 동성결혼 합법화까지 가능하다면 더 환영이다. 아파트 없이 재산증식이 불가능한 부동산의 나라에서 동성 커플은 신혼부부 청약조차 불가능하니 이야말로 엄청난 차별 아닌가? 이웃에 동성부부가 있다면 자녀들 교육상 걱정이라는 사람들도 있는데 옆집에 사는 사람이 누구랑 사랑하는지는 나의 불편과 전혀 상관이 없다. 만약 동성애자라서 더 층간소음에 무심하고 아무데서나 흡연하고 주차를 엉망으로 한다면 모를 일이지만.

독실한 크리스천이 내게 문자를 보냈다. 차별금지법은 궁극적으로 동성결혼을 허용시키려는 것이므로 강력히 반대해야 한다는 어느 목사의 설교 영상을 첨부하며 '우리 아이들의 미래가 위협받고 있다'는 내용이었다. 나는 이렇게 답했다.

"그렇지. 살아보니 무작정 결혼하는 것만큼 후회되는 건 없지."

세상이 달라져서 사랑하는 사람이면 누구나 결혼했으면 좋겠다. 그리고 사랑에 눈이 멀었다면서 결혼의 쓴맛을 뼈저리게 경험했으면 한다. 이성애자만 이렇게 억울할 순 없다.

4

몸의 결점은 사람의 결함이 아니다
_ '관리'라는 말을 남발하는 사람들에게

'내가 먹은 게 나다.' 맞는 말이지만 차별의 씨앗이 되기도 하죠. 정
갈한 음식을 먹어서 달라지는 신체의 반응, 끝내주죠. 다만, 이를 신
성시여기면 타인의 생활까지 평가하려는 버릇으로 이어집니다. 나
아가 아픈 사람 앞에서 어쩌고저쩌고 훈계까지 하지요.

발목 안쪽 복사뼈 아래에 심한 통증이 느껴졌다. 인터넷을 검색
하니 통풍 같았다. 신발을 신고 벗기도 아파하는 내게, 평소 몸
관리에 철저한 친구 A는 위로는 못 해줄망정 빈정거렸다.

"평소에 몸 관리 좀 하지 그랬어. 너 고기 좀 많이 먹더라."

서러움을 참으며 내과에 갔다. 요산 수치가 약간 높았지만, 초

음파에서 통풍 판정을 내릴 만한 결절은 발견되지 않았다. 의사는 원인을 알 수 없는 통증도 많으니 함부로 자가 진단하면서 이상한 조치를 취하지 말 것을 신신당부했다.

왜 아픈지는 몰라도 통풍은 아니라기에 기분은 좋았다. 빈정거렸던 친구에게 결과를 말하니, A는 함부로 말해서 미안하다고 해도 모자랄 지경에 다시 비아냥거린다.

"요산 수치가 높다는 건 몸에 시한폭탄이 있다는 거니까 안심하지 마. 너처럼 평소에 절제 없이 살면 어떻게 될지 아무도 몰라. 그게 전조증상일지 누가 알아?"

이후로도 통증은 간헐적으로 나타났다. 그때마다 A는 성가시게 굴었다.

"너 요즘 음식 조절하고 있어? 아까도 아무거나 막 먹던데."

부모도 자녀에게 함부로 간섭하지 않는 시대에 저리 당당한 오지랖이라니. 1년 후, 내가 정확한 병명으로 진단받고서야 친구의 설레발은 멈췄다. 나는 부주상골 증후군 때문에 아팠다. 이는 발목과 엄지발가락을 이어주는 주상골 옆에 필요 없는 뼈가 웃자라면서 발생하는 통증을 말한다. 열에 하나는 '왜 그런지는 전혀 모르고' 이런 뼈를 몸에 지니는데, 그중 일부는 발이 피로할 때 통증을 느낀다. 성장기 때 발견하면 몇 가지 교정 방법이 있지만 효과는 미비하다. 뼈를 잘라버리고 붙이는 수술 외에는 방법이 없는데 쉽지 않은 선택이니 대부분 소염제로 버티면서 산다.

갑자기 의학 정보를 주저리 나열하는 까닭은 내가 A를 붙들고 설명할 필요가 있어서였다. 실제 통풍으로 아픈들 내 잘못인 것처럼 고개를 숙일 이유도 없지만, 나는 아픈 사람을 이해하지 않는 녀석에게 이 병이 개인의 생활습관과는 무관하다는 말을 장황하게 반복했다.

아뿔싸! 생각지도 못했던 반응이 나온다. 상대는 확고했다.

"살만 빼봐. 대부분의 질병은 사라져."

놀랄 일이 벌어졌다. 수개월 후, A가 통풍에 걸렸다. 그는 누가 묻지도 않았는데, 고기도 별로 안 먹고 운동도 열심히 하는 자신이 왜 이런 병에 걸렸는지 '도무지 이해할 수 없다'면서 중얼거렸다. 나는 비흡연자라고 폐암에 안 걸리는 것도 아니고 채식주의자도 대장암에서 자유로울 수 없는 것처럼, 통풍도 노폐물을 배출하는 신장기능을 포함해서 원인은 다양하니 자책하지 말고 의사의 처방대로 약을 꾸준하게 먹으라고 했다. 자기와는 다른 방식으로 환자를 위로하는 내 모습에 친구가 좀 달라지길 바라면서.

하지만 A는 매일 약을 먹는 자신의 모습을 쉽사리 인정하지 않았다. 그에게 통풍은 자기 관리의 실패라는 증명서이자 반드시 극복해야 하는 대상이었다. 강박의 크기만큼, A는 마치 역사에 남을 통풍 극복 사례가 되겠다는 일념으로 정보를 모았고, 그대로 실천했다. 식단을 엄격하게 관리했고, 노폐물 배출에 탁월하다는 정체 모를 비싼 물을 하루에 3리터씩 마셨다. 한편으로는 의지가 대단해보였지만 한편으로는 이상한 자연치유 정보에 집착하는 모습이 안쓰러웠다.

몸 관리 전문가였던 친구는 어떻게 되었을까? 몇 번 요산 수치가 줄기도 했지만 결국 1년이 채 지나지 않아 통풍은 재발되었다.

생활습관과 질병이 관련 없다는 말을 하려는 것이 아니다. 평소 어떤 관심과 실천을 했느냐에 따라 개인의 건강이 달라질 확률이 높은 것은 사실이다. 아니, 확률적으로 달라질 수도 있을 것이다. 하지만 그 연관성을 절대적인 원인으로 해석하여 사람을 무례하게 대하는 것은 다른 문제다. 설령 크게 상관이 있더라도 그게 사람을 대하는 태도에 영향을 미쳐서는 안 된다. 몸의 결점을 '사람의 결함'으로 이해하는 시선에 주눅 드는 개인의 모습이야말로 현대사회의 비극 아니겠는가. 한국처럼, 살찌면 자기 관리가 부족해보여서 취업도 어렵다는 곳에서 당당하게 "나 아파요!"라고 말했다가는 누군가에게 나태한 자를 혐오해도 된다는 발판을 제공하는 꼴에 불과하다.

사람의 몸이란 좋은 투입이 있다고 보란 듯이 결과가 산출되는 기계가 아니다. 물론 건강하기 위한 경향성은 분명하게 존재하지만, 이게 아픈 사람을 멋대로 평가하는 이유가 될 리 만무하다.

하지만 어떤 일들이 벌어지고 있는가? 예를 들어 키 작은 아이의 부모가 주변에 고충을 토로하면 무슨 말부터 듣겠는가. 이미 웬만한 노력은 다했지만, 단지 위로받고 싶어서 던진 말에 반응은 지나치게 구체적이다.

"밥은 제대로 먹여요? 우리 애들 먹는 거 보면 깜짝 놀라 자빠질 거예요."

충분히 먹인다고 하면 매뉴얼에 따라 다음 질문이 등장한다. 영양제는 먹이는지, 운동은 어떻게 하는지 심문이 계속된다. 유전자가 그런 것을 왜 걱정하냐고 빈말이라도 해주는 사람은 마찬가지로 세상의 온갖 편견에 상처를 받을 만큼 받은 키 작은 아이의 부모들뿐이다. 하지만 이들은 혹시나 해서 키 성장을 도와준다는 비싼 영양제를 구입한다. 허위광고인 줄 알면서도 지푸라기라도 잡으려 노력하고 있다는 징표를 구입했다고 해야 할까.

한 아이에게 아토피가 생기면 주변에서는 '자기 아이가 왜 아토피에 안 걸리는지'를 말하기 바쁘다. 마늘장아찌도 잘 먹기 때문에 아토피에 절대 안 걸린다는 이상한 소리부터 한다. 엄마가 임신 중 혹시나 이상한 걸 먹었는지, 모유 수유는 얼마나 했는지, 그때 식습관은 어땠는지 집요하게 추궁한다. 아이가 '한 번이라도' 콜라를 마셨던 사실이 드러나면 "그럴 줄 알았다!"면서 목소리가 커진다. 파편적인 조각 몇 개만으로 사람들은 한 가정의 생활습관을 단정하고 '원인을 정확하게 알 수 없다'는 뜻을 지닌 아토피의 원인을 명쾌하게 진단한다. 논리가 간단한 만큼 당사자의 상처는 명료하다.

몸의 결함을 개인의 책임으로 떠미는 담론이 부유하는 세상에

는 아이가 햄버거를 먹고 신장이 망가지는 병에 걸렸다고 하소
연하는 부모에게 어떻게 햄버거를 먹일 생각을 했냐면서 당당하
게 빈정거리는, 거만하고 무례한 사람이 탄생한다. 하긴, 암 환자
들이 힘들어하는 것 중 하나가 병문안을 온 지인들이 '어쩌다가
암에 걸렸대?'라는 표정을 지으며 위로인지 추궁인지를 할 때라
고 하지 않은가.

5

난민을 향한 아무 말 대잔치
_ 싫다는 속마음을 감추지도 않는 사람들에게

> "딸이 있는 엄마가 난민을 반대하는 건 당연한 것 아닌가요?" 질문
> 하는 사람은 한 치의 망설임도 없었습니다. 당연하다는 것이었지
> 요. 저는 편견이 전제된 질문에는 답을 할 수 없다고 했지요. 미국에
> 서 온 백인 영어강사가 한국에서 성범죄를 저질렀다는 뉴스는 종종
> 등장하지만, 누구도 '미국 백인'들을 경계하지 않습니다.

20XX년부터 시작된 내전으로 한국은 더는 안전한 나라가 아니
었다. 많은 사람들이 죽고 다쳤고. 경제는 엉망이 되었으며, 의료
시스템도 붕괴하여 전염병도 돌았다. 하루는 정부군이 와서 사
람을 끌고 갔고, 하루는 반군이 나타나서 협조하지 않는 자를 죽

였다. 도무지 미래를 기약할 수 없다고 판단한 많은 사람들이 나라를 떠났다.

대사관 업무가 마비되어서 비자 발급이 어려웠기에 이들은 세계를 떠돌 수밖에 없었다. 그중 무사증 제도를 시행하고 있어서 한 달간 체류할 수 있는 어느 나라의 작은 섬으로 무작정 향한 이들도 있었다. 한국인들에게는 생소한 나라였지만 동계, 하계 올림픽과 월드컵을 모두 유치한 경제규모 세계 11위의 나라에서 목숨이 위태로운 자신들을 내칠 것이라고 생각하지는 않았다. 게다가 그 나라는 난민법도 있는 인권국가 아닌가. 실낱같은 희망을 지닌 한국인 500명이 인구 5천만 명의 어느 나라의 문을 두드리며 외쳤다. 살려달라고.

한국인들은 순진했다. 그 나라는 1994년부터 지금까지 난민 신청자 3만 3천여 명 중 4퍼센트만을 받아들인(세계 190개국 평균은 30퍼센트) '난민에게 인색한' 대표적인 나라였다. 난민을 수용하지 않으니 사람들은 난민들을 몰랐고, 그러니 더욱 난민수용을 강력하게 반대했다. 토론 같은 것은 존재하지 않았다. 아니나 다를까 한국인이 난민으로 인정을 기다린다는 소식이 알려지자 곳곳에서 기겁하는 소리가 등장했다. '한국인을 절대로 난민으로 받아들여서는 안 된다'는 촛불시위가 곳곳에서 등장했고, 인터넷에서는 한국인 500명을 난민으로 인정하면 자신들의 나라가 한순간에 '한국화'가 될 거라고 우려하는 글들로 넘쳐났다. 개고기 먹는 한국인들이 자신의 나라에서 무슨 짓을 할지 끔찍하다는 내용이 많았다. 개도 먹는 사람들이 나중에 고양이도 먹지 않겠냐는 걱정이 넘쳐났다.

한국인들은 답답했다. 모든 한국인이 그런 것도 아니고 요즈음은 개를 식용으로 삼는 일이 많이 줄었다고 하소연한들 난민의 말을 들어주는 사람은 없었다.

그 나라 사람들은 모이기만 하면 한국사회의 나쁜 모습을 알려주기 바빴다. 선행학습을 당연하게 여기는 한국인들이 공교육을 파괴할 것이고, 부동산 투기에 환장한 그들이 노동의 성실함을 무시하는 풍토를 만들 것을 우려했다. 나이 한 살 차이도 구분하면서 사람 사이에 엄격한 상하관계를 구축하는 폐쇄적 한국인들이 이 곳에서 적응할 수 있겠냐는 분석도 있었다. 심지어 '자국 국가대표 축구선수에게 계란을 던지는 무례한 사람들'을 받아줄 수 없다는 댓글이 최고 추천을 받을 정도였다.

난민 자격심사에 나라의 문화적 특성이 영향을 미쳐서는 안 되는 것이지만 그 나라의 지식인들조차 자신들의 해외유학 경험을 증언하며 '한국인들이 사실 좀 그렇지'라는 분위기를 만들었다. 언론은 한국인들의 스마트폰 사용을 '가짜 난민일 수 있는 증거'라면서 대단한 뉴스인양 다뤘고, 월급이 170만 원인 일자리를 거절한 걸 중요한 사건처럼 보도했다. 그 나라 사람들은 '난민 주제에'라는 말을 습관적으로 뱉었고, 이와 비례하여 '한국인들은 진짜 난민이 아니다'라면서 비난 수위를 높였다.

난민은 노예가 아니고, 난민에게도 의사결정권이 있지만 한국인이라면 진저리를 치는 사람들은 그렇게 생각하지 않았다. 뉴스에 등장한 난민수용을 반대하는 사람은 이렇게 말한다.

"나는 인종주의자가 아닙니다. 다만 안전을 원할 뿐입니다."

누가 들어보면 자기 나라 사람들은 범죄를 저지르지 않는 문화적 기질이라도 있는 것처럼 들리지만 이들은 하나도 부끄럽지 않다는 표정이었다.

언급된 내용들은 예멘 사람들이 제주도에 왔을 때 한국인들이 보여준 모습이다. 부메랑이 되어 나중에 당해봐야 정신 차릴 거라는 순진한 말을 하려는 게 아니다. 난민 수용을 반대하는 것은 자유다. 세계의 격변 속에 한국은 뒤늦게 이 문제를 마주하게 되었으니 무엇이 정답도, 정의도 아닐 것이다. '우리' 세금으로 왜 그들을 도와야 하냐는 주장도, 인정하긴 싫지만 '우리'라는 말을 너무 강조해온 역사적 맥락에서 이해가 되지 않는 것은 아니다. 하지만 여기서 멈추는 반대론자는 없다. 숨겨왔던 본심을 나열하기 바쁘다.

해괴망측한 논리를 표현의 자유랍시고 인정할 수는 없다. 그리고 '아무 말 대잔치'를 해서는 안 된다. 특정한 나라, 특정한 종교에 대한 혐오는 한국사회에서 성별, 세대별, 지역별, 직업별 등의 변수에 상관없이 일관되게 드러난다. 이는 한국에서 난민지

위를 인정받아 어디에서 누구를 만나든 인간답게 살아가는 것이 힘들다는 것을 뜻한다.

솔직히 말하자면 차라리 한국으로 오지 않는 게 누군가에는 더 존엄한 선택일지도 모를 일이다.

— 6

동정 구하기가 아닌 물정 바꾸기

_결과의 평등이라는 말에 화들짝 놀라는 사람들에게

> 사람들은 '갑질'에 분노하지만 을이 노조라도 만들면 "떼쓰려고?"
> 라면서 빈정거립니다. 한국사회의 비정규직 노동자 문제는 단순
> 히 누군가의 동정심이 증가하는 것만으로는 해결되지 않습니다. 비
> 정규직이기에 비루한 대접을 받는 거라면, 이 비정규직이라는 노
> 동 지위의 구조를 어떻게든 손봐야 하는 것이지요. "억울하면 시험
> 쳐"라는 말만 할 것인가요?

문재인 정권은 비정규직 노동자들을 정규직으로 전환하는 정책
들을 과감하게 밀어붙였지만, '공정하지 않다'는 일부(라고 믿고 싶
다) 여론의 기세에 밀려 좌초했다. 시위현장에서, 공청회장에서

"기회와 과정의 평등 YES! 결과의 평등 NO!"라는 팻말을 든 이들의 표정은 비장하고 목소리는 단호하다. 열의를 보면 작금의 정책이 모든 노동자의 급여를 동일하게 주자는 것처럼 느껴질 정도다.

결과의 평등은 대졸자, 고졸자에게 똑같은 보상을 한다는 게 아니라, 인간다운 삶에서 누구도 소외되지 않을 평등한 권리를 뜻한다. 그런데 자본주의 사회에서 개인의 존엄성이 서로 사랑만 하면 보장되나? 돈이 없으면 이웃이 아무리 인자한들, 삶은 비루해진다. 가장이 주 40시간 노동하여 받는 급여로 가족을 시대에 걸맞게 부양할 수 있었다면 비정규직 문제는 애초에 발생하지 않았다. 성실하고 우직하게 산들 노동지위가 계약직이면 고작 1년 앞도 예측할 수 없다.

게다가 의료, 주거, 교육, 정보의 공공성이 아직은 요원한 나라다. 한 달 일해서 받는 돈이 200만 원도 되지 않는다면(월급쟁이의 43퍼센트에 해당), 월세와 휴대폰 할부금 내기 바빠서 저축은 언감생심이다. 가족이 수술이라도 하면 살림은 거덜 난다. 200만 원이면 가족이 존엄하게 살 수 있을까? 치킨 한 마리 먹을 때마다 심사숙고하고 몇 년에 한 번쯤 제주도 여행 가는 걸 두려워한다면 그게 어디 '알파고가 이세돌을 이기는 시대'의 삶이라 할 수 있는가? 밥만 안 굶어도 행복할 수 있는 시대는 오래전에 지났다. 무심코 틀어놓은 홈쇼핑 채널을 보다가 오래된 텔레비전을

36개월 할부로 바꾸는 과감한 결심을 21세기에도 '사치'라고 한다면 이 빌어먹을 자본주의는 완전 사기다. 크루즈 세계여행을 가겠다는 것도, 한우갈비를 먹겠다는 것도 아니다. 단지 평범하겠다는 사람을 앞에 두고 '더' 고생한 사람 있으니 사람을 가려가며 보편적 권리를 따지자는 게 과연 '공정'한 것일까?

'누구나' 평범하게 살 수 있는 정책을 논하자는데, 자꾸만 '그들의' 실체를 알려주겠다는 사람들이 많다. 인류가 취해왔던 가장 나쁘면서도 효과 좋은 대화법이다. 들어보니, 정규직 전환을 요구하는 자들은 '무임승차'하겠다는 염치없는 작자들이다. 남들 공부할 때 '놀았고', 누군가가 미래를 준비할 때 '편하게' 아무 일이나 기웃거린 나태한 사람들이다. 놀다가 그렇게 되었다는 논리는 무지하고, '당해도 싸다'는 식의 인식은 비열하다.

악의적인 편견을 가진 자들에게 동의를 구하는 것도 우습다. '억울한 마음 모를 바 아니지만 이해하길 바란다'면서 이들을 달래면 안 된다. 그러면 "어떤 가치 있는 행위를 했는지도 모르는 사람들이 단지 비정규직이라는 이유만으로 동정 받는 게 정상이냐(S대학 인터넷 커뮤니티)"는 말이 여기저기서 등장한다.

인간의 존엄성은 성인군자가 베풀어주는 은혜가 아니다. 당연한 권리가 누군가의 배려로 이루어진다면 '혜택 받은 자'들은 늘 눈치 보며 살아야 한다. 그러다가 작은 실수라도 하면 '머리가 저리 나쁜데 운 좋아서 정규직이 되었다'는 조롱을 듣게 된다. 비정규직 노동자들의 정규직 전환 정책은 누굴 동정해서가 아니라, 권리가 필요한 사람들을 '이제야' 직시한 다른 모두의 책무가 실천되는 것일 뿐이다.

'차별의 설움'과 '노력의 허무'는 다른 층위에서 논해야 하지만, "내가 얼마나 많은 것을 포기한 줄 아느냐!"는 사람들의 한탄과 절규가 거세다. 이 심적 억울함, 무엇 때문이겠는가. 정규직 일자리 하나 얻고자 많은 걸 포기해야만 하는 이유는 그 일이 아니면 행복이 보장되지 않는 현실을 목도했기 때문일 게다. '아니었다면' 진로를 바꾸지 않았을 수도, 연애를 포기하지 않았을 수도, 아니면 여유롭게 책도 읽으면서 결과의 평등을 오해하지 않고 살았을지 모른다.

국가는 이 '포기'를 줄여야 한다. 비정규직이 많아서, 청년들이 비정규직이 되기 싫어하고 일상을 포기했다. 그렇다면 비정규직 노동자의 삶이 객관적으로 좋아지는 것은 누군가가 꿈을 포기하는 것을 예방하고 청년들이 제한된 일자리를 얻고자 살인적인 경쟁을 하는 파국을 조금이나마 진정시킨다. 나아가 서로간에 물어뜯을 이유도 제거한다.

하지만 '고생에 걸맞게' 권리의 우선순위를 따져야 한다는 분위기로 불평등의 크기를 줄이는 정책이 좌초되면 앞으로의 사회는 더욱 끔찍하다. 바늘구멍은 더 좁아지니 취업스펙은 더 화려해질 것이다. 그때는 요람에서부터 "요즘 세상 장난 아니야"라는 말을 들으며 지금보다 더 많이 포기하고 노력해야지만 정규직이 될 것이다. 그리고 목숨을 족히 세 번은 걸었던 2040년의 정규직 신입 사원들은 목숨을 한 번 걸었던 2020년에 입사한 선배들을 보고 이렇게 생각할 것이다.

'솔직히 우리 고생에 비하면 별 거 아니지. 그런데 윗자리에서 챙길 건 다 챙겨먹네.'

누군가의 '심정'을 고려한다고, 차별받는 노동자의 '물정'을 바꾸자는 정책을 공정하지 않다고 하는 사회의 미래가 어디까지 괴기스러워질지 나도 궁금하다.

7

누구를 위한 노키즈존인가
_밑도 끝도 없이 '부모 잘못'이라는 사람들에게

> 가정교육을 잘 받은 사람들은 타인의 모습을 보고 가정교육 운운하지 않습니다. '타인의 가정을 함부로 평가하지 않는 것'이야말로 교육의 시작이니까요. 아이의 행동 하나에 무려 열을 안다는 사람은 늘 누군가를 험담하기를 좋아하지는 않았는지 반성해보셨으면…….

노키즈존을 찬성하는 사람들의 주장을 살펴보자. 이들은 아이가 아니라 요즘 부모들의 인성을 탓한다. 그러면서 자신이 보거나 들었던 누군가의 추잡스러운 짓을 덧붙인 다음 '왜 그럴 수밖에 없는지부터 생각하라'면서 비아냥거린다. 하지만 누구도 식당에서 기저귀를 가는 부모를 두둔하지 않는다. 카페를 뛰어다니게끔 아이를 방치한 부모를 이해하지도 않는다. 아이가 있는 부모들도 마찬가지다. 도덕 준수에 예외가 없음은 당연한 것이니 누구든지 몰상식한 상황을 접하면 불편하다.

문제의 초점은 그럴만한 이유의 유무가 아니다. '어떤' 인간 때문에 모두가 도매금으로 통제의 대상이 되어야 하는 상황이 과연 정당할까? 사람에게 예의범절을 권하는 것은 당연하지만, 몇 번 그러지 못함을 증거 삼아 그럴만한 집단 전체를 누구나 이용할 수 있는 공간에서 배제시킨다는 발상은 전혀 사회적이지 않다. 자꾸만 "모든 국민의 재산권은 보장된다"는 헌법 제23조 1항을 들먹이며 가게 주인의 적법한 권리라고 하는데, 이들은 "재산권의 행사는 공공복리에 적합해야 한다"는 헌법 제23조 2항은 외면한다.

담배 피우는 행동을 통제하는 노스모킹존이 있었지, 흡연이 유력시되는 사람들을 미리 공간에서 통제한 역사는 없었다. 요즘 '카공족(카페에서 오랫동안 공부하는 사람들)'이 문제라면서 갑론을박이 한창이지만, 사람을 원천 차단하자는 말은 어디에도 없다. 이들 중에는 어제 사용한 종이컵을 다시 갖고 와 슬며시 테이블 위에 올려놓으면서 다른 사람을 기만하는 경우도 있다. 4인 테이블 하나에 몇 시간을 죽치고 있으니 차라리 취업 준비생처럼 보이는 젊은 사람들을 카페에 들어오지 않게 하면 장사가 더 잘 될 것이다. 다른 사람들도 편안히 수다를 떨 수 있으니 얼마나 좋은가. 그러나 그리할 수 없다. 기껏 해봐야 노트북 선을 연결하지 못하게 매장의 콘센트를 없애버리거나 '스터디 금지'라고 적어놓을 뿐이다. 즉, 특정한 행동을 하지 못하도록 유도를 하는 게 전부라는 말이다.

하지만 아이들에게는 다른 기준을 자꾸 적용한다. 설상가상, '애완동물 출입금지가 문제없는 것처럼 노키즈존도 충분히 가능하다'면서 사람을 개로 취급하는 공포스러운 논리도 있다. 내 권리를 침해하는 데 분노하는 거야 당연하지만 그 표출방식이 사회적 가치와 동떨어져서야 되겠는가. 아무리 속이 터져도 그러면 안 된다는 자제력이 커지면서 문명의 역사도 만들어졌다. 이를 이어가는 건 우리에게 의무이지 선택사항이 아니다.

찬성하는 사람들은 아이를 적절하게 통제하는 외국의 경우를 들먹이면서 노키즈존을 차별과 혐오의 맥락에 연결시킬 수 없다고 주장한다. 지금껏 존재했던 누구나 알만한 공간의 제약이었다면 애초에 논쟁은 일어나지도 않았다. 예술의 전당에 아이를 못 들어가게 했다고 화내는 부모는 없다. 한눈에 보아도 성인들만의 공간처럼 보이는 클럽에서 굳이 유모차를 억지로 끌고 와 춤추고 술을 마시는 부모는 없다. 갔다 한들 낯선 기운이 부담스러워 다시는 오지 않는다. 이 통제를 차별이라고 생각하는 사람들은 없다. 오랜 역사 속에서 합의된, 충분히 필요한 특정 공간의 제약이라는 점을 이해하기 때문이다. 무엇보다 보통의 일상에서는 아이가 통제되는 경우가 희소하니까 '저런 곳도 있다'는 수긍이 가능하다.

하지만 한국사회에서의 노키즈존은 다르다. 아이를 유모차에 태우고 동네 산책을 하던 부모가 잠깐 쉬기 위해 들린 평범한 카페에서 아메리카노를 구입한 다른 사람의 (개념도 모호한) 조용히 있을 권리를 보호하기 위해 문전박대를 당하는 황당함이 과연 상식적인 합의일까? 파스타와 돈가스를 먹으러 가면서 '혹시나'를 걱정해야 하는 사회가 어찌 좋은 사회일까?

우려되는 점은 이미 상당수가 노키즈존에 적응하고 있다는 것이다. 동네 서점을 가면서도, 관광지에서 팥빙수 하나를 먹기 전에도, 혹시 노키즈존이 아닌지를 확인하는 부모들이 많다. 이것이 타인을 배려하겠다는 사람들의 선한 행동인지, 아니면 눈곱만큼도 타인을 배려하지 않겠다는 악한 사람들과 다시는 마주하지 않으려는 철저한 자기방어인지 따져볼 일이다.

그리고 주변에서는 이렇게 타인의 눈총을 피해 도피하는 부모를 '개념 있다'고 칭찬하니, 자연스레 아이들만 따로 모이는 게 부모들도 편해진다. 자본은 이들을 수요로 파악하여 특화된 공간을 공급하는 데 '키즈 전용 상영관'도 그중 하나다. 이런 분리에 익숙해진 대중은 영화관에서 소리 지르는 아이들, 그 아이를 통제하지 않는 부모를 보면 분노한다. 예전 같으면 '주의를 하라!' 정도였을 것이 이제는 '키즈 전용 시설을 따로 이용하라!'면서 다그친다. 휴대폰 불빛으로 타인에게 피해를 주었던 어른, 심지어 통화까지 했던 어른, 앞 좌석에 발을 올렸던 어른, 코를 골며 졸았던 어른, 콜라와 팝콘을 땅바닥에 버려두고 유유자적 영화관을 떠났던 어른에게는 결코 제시되지 않았던 대안이다.

3부

교육은 생각하기
나름이 아니다

1

성공하는 것만 가르치는 학교

_불평등에서 벗어난 예외만 보는 사람들에게

> 장학사 연수에서 '불평등'에 대해 강연을 했습니다. 어색했죠. 왜냐
> 하면 2박 3일 일정이 죄다 '리더십', '비즈니스 예절', '성공담'으로만
> 채워져 있었거든요. 아니나 다를까, 제가 다녀간 후 담당자는 '편향
> 된 강사를 초빙'했다고 항의를 받았습니다.

'오찬호 작가가 말하는 미래 인재가 되는 법.' 중고등학교에 강연
을 가면 가끔 민망한 현수막을 본다. 승자독식의 경쟁사회를 비
판해달라고 초대받았으니 더욱 황당하다. 이유인즉, 강사 섭외를
맡은 교사가 '진로 특강' 명목으로 윗선에게 결재를 받았기 때문
이다. 불평등을 비판하고 자본주의를 의심해보자는 강사를 초청

하는 게 물 흐르듯이 진행되지 않는다는 말이다. 내막을 모르는 교장, 교감은 내게 여기가 지역 명문이다, 작년 입시 결과가 어떠하다는 등 학력주의가 가득한 인사말을 멈추지 않는다. 때로는 학부모도 특강 자리에 함께하는데, 이들은 내 이야기가 자녀 입시에 도움이 되지 않으니 '속았다'는 표정을 감추지 못한다.

학교는 학생들에게 미래를 편협하게 제시한다. 일부 성공 사례를 포장하여 불평등을 은폐하는 강사들이 여전히 인기다. 4차 산업혁명, 블루오션, 변화, 혁신 등의 단어들이 남발되고 '새로운 플랫폼'을 만들어내면 누구나 부자가 될 수 있다는 위험한 결론이 부유한다. 공부가 아니더라도 자신의 특출한 재능에 집중하면 불가능은 없다는 고전적인 위로도 한결같다. 특별하지 않은 다수의 사람들이 인간답게 살아갈 세상을 만들자는 논의는 자본주의 사회에 최적화된 학교에서 어울리지 않아 보인다.

여기에 무덤덤한 채 살아가는 교육자를 만날 때면 슬프다. 교사 연수에서 내가 "배달 노동자가 죽을 확률이 높아지는 것이 새로운 플랫폼입니까?"라는 물음을 던지면 연령 불문하고 어리둥절한 낯빛을 감추지 못한다. 1등을 지나치게 칭찬하거나 미화하지 말고 계층차별의 근간이 되는 학력주의를 의심하기 위해 공정한 경쟁이라는 신화를 깨자고 하면 발끈한다. 나이가 많은 사람은 대학 이름이 성실함의 결과가 아니면 무엇이냐고 혀를 차고, 젊은 사람은 그럼 자신이 공정하지 않게 교사가 된 것이냐면서 노력을 폄하하는 게 평등주의냐고 따진다.

이렇게 이야기하는 데는 여러 원인이 있을 것이다. 일단 교육학의 전제가 '인간의 자기 성장'이고 무엇보다 교사 스스로가 치열한 경쟁에서 이겨 바늘구멍을 통과했으니 이 가치를 더 확신한다. 학부모들 입장에서는 사회의 변화를 기대하며 자녀를 내버려두기에는 좌불안석이니 개인을 이롭게 하는 즉각적이고도 선명한 해결책을 학교에 재촉한다. 그래서 오직 성장의 관점에서만 인간이 다루어지고 성공은 그것이 가능하다는 증명으로만 획일적으로 사용된다.

이를 꾸짖는 여론은 없다. 언론은 입시결과에 호들갑이고 명문대로 진학한 선배들만이 모교 방문을 하여 죽도록 공부했다는 무용담을 후배에게 들려주기 바쁘다. 학력주의가 정당화되고 능력주의가 신성하게 포장되면 학생들은 '그럴만한 이유가 있으니' 실패하는 것 아니냐는 아찔한 철학을 내면화한다. 평범한 다수가 살아가는 세상에, 다수가 관심을 가지지 않는 역설이 완성될 수밖에 없다.

불평등을 '줄이는' 안목을 키워주는 교육을 고민하지 않고, 불평등에서 '벗어나는' 묘수만을 나열하는 세상에서, 가장 아파할 사람은 다름 아닌 교사다. 자본주의 사회에서 양극화는 어쩔 수 없는 것이라면서 순응하고, 구체적인 절망을 파괴하는 것을 체념한 학생들은 어설픈 희망의 빛에 매료되어 대학의 서열화를 신봉하며, 가족 모두의 힘을 빌려 피 말리는 입시경쟁에 매진할 것이다. 당연히 전지전능한 사교육의 힘이 우주의 기운이 될 것이니, 족집게 강사가 교사보다 존경받을 수밖에 없다.

새로운 플랫폼이 마냥 긍정적으로 포장될수록 일자리를 잃는 사람은 변화에 적응하지 못한 사람이 되어버린다. 혁신이라는 말이 무색하게 한쪽에서는 허술해진 안전장치 위에서 위태롭게 살아가는 노동자가 무수하다. 효율성이라면서 등장한 괴상한 상벌점제는, 해고가 두려워 안전수칙을 지키지 못해 사고를 당하는 개인을 증가시킨다.

지하철역 스크린도어를 정비하던 청년 노동자가 목숨을 잃은 게 무슨 일제강점기 시절의 이야기였던가. 과로사로 집배원이 사망했다는 비보가 '그때 그 뉴스'였던가. 이 객관적인 현실을 직시하지 않고, 학생들은 자신은 예외가 될 방법만을 듣는다. 학생은 물론이고 교사의 미래도 끔찍할 것이다.

공부 안 하면 노숙자가 된다고?

_학력 차별은 차별이 아니라는 사람들에게

> "공부 잘 했으니까." 양극화 문제를 다루면 불쑥 등장하는 말입니
> 다. 성적이 좋은 것과, 성적순으로 삶의 행복이 칼같이 구분될 수 있
> 다는 발상은 전혀 다른 것이지만 한국에서는 다르지 않다고 여기는
> 경우가 많죠. 학교에서 그렇게 가르치니까요.

젠더 감수성이 부족한 대학교수가 성차별적인 발언을 하면 순식
간에 알려지고 많은 이들이 지탄한다. 예전에는 태연히 했던 말
들이 문제가 되니 교육자의 자기검열은 엄격해졌다. 진작 그랬
으면 세상은 지금보다 평등했을 것이다. 그래도 차별이 조금씩
이라도 줄어들 것이라는 희망은 보인다.

성차별에 대한 인식이 달라지는 것에 비해 '학력주의'에 기반하여 사람을 차별하는 모습은 그대로다. 아니, 더 노골적이다. 교수는 과제가 어렵다는 학생들에게 이렇게 말한다.

"이 정도 수준을 어렵다고 투덜거리면 나중에 길바닥에서 박스 깔고 자야 해요."

교수는 자신이 얼마나 위험한 말을 했는지조차 모르는 표정이다. 학생들도 키득키득 웃고 있으니 긴장감이 감돌 수가 없다. 교수의 언행을 규탄하는 대자보 같은 건 어디에도 붙지 않는다. 말 그대로 "우리는 차별에 찬성합니다!"다.

학력차별의 문법은 오랫동안 성차별이 유지되었던 상황과 다르지 않다. 모든 비열한 차별처럼 '그럴만한 객관적 이유'가 탄탄한 토대가 된다. 공부를 못했으니 사람처럼 살지 못해도 별 수 없다는 논리가 가능한 이유다. 성별 임금격차 등의 문제를 지적할 때, '객관적으로' 여성이 남성보다 능력이 부족하다면서 또박또박 따지는 사람들의 모습과 다르지 않다.

존엄성이 무너진 책임을 개인에게 묻는 풍토에서 조롱은 부지기수다. 이런 배경은 사람의 정당한 주장을, 박스나 깔고 자야 할 사람의 (또는 집에서 살림이나 할 여자의) 필요 이상의 요구라고 해석하고 무시하는 여론을 만든다. 이들은 '공정'이라는 프레임을 자신의 편에 세워 반대쪽을 혐오한다. 학교 급식 노동자의 정규직 전환 논의에 한 정치인이 "그냥 동네 아줌마인데 왜 정규직을 해야 하나"라고 말했다가 논란이 되었지만, 사실 많은 사람들이 '비정규직 노동자의 정규직 전환'을 무임승차, 도둑놈 심보로 이해한다.

'그럴만한 이유'로 한쪽이 한쪽을 우습게 여기고, 한쪽만의 언어가 세상을 지배하면 반대쪽은 체념이든 순응이든 적응만이 살길이다. 한쪽이 입을 다물면 한쪽은 기고만장해진다. 심각한 것은 성차별이 50퍼센트가 지배하는 세상에 50퍼센트가 '체념'하는 경우였다면, 학력차별은 10퍼센트도 되지 않은 자들만이 이득을 보는 논리에 모두가 적극적으로 '순응'한다는 사실이다. 공부해서 성공하라는 말이 지나치게 부유하는 곳에서 빈곤의 이야기는 '극복 수기'라는 예외적인 경우로만 대중의 관심을 받아 사회구조의 모순을 은폐하는 역할을 할 뿐이다.

지금껏 '대한민국 교육'이 어떤 목표를 가졌는지를 생각하면 놀랄 일은 아니다. 문제를 틀렸다고 사람을 때렸고, 석차에 따라 사람을 우열로 구분했다. 이를 바탕으로 학교 내 독서실, 기숙사 등을 사용하는 권리를 차등화시키는 일은 지금도 그대로다. 그 끝에는 지금 노력하지 않으면 나중에 치킨이나 배달하고 살아야 한다는 비열한 협박만이 떠돈다.

노동을 자기노력의 결과로만 이해하는 곳에서 '경쟁교육'은 승승장구할 수밖에 없다. 나만 수렁에 빠지지 않으면 그만이라는 곳에서 구멍은 깊어지고 넓어질 수밖에 없다. 사회 전체의 노동안정성이 무너지니 학교라는 곳에서 일하는 사람들이 '기간제', '계약직'이라는 딱지로 분류된다. 마치 그런 구분이 선명해야지만 학생들이 공부할 동기부여가 생긴다고 생각하는 모양이다.

학교에서 일하는 여러 노동자들의 삶을 개선하려는 시도는 한국에서 긍정적으로 흘러가지 않는다. 노조를 만들어 단체교섭을 요구하고 단체행동을 하는 것은 노동자의 권리이지만 학교에서 일하는 '주제에' 그런 행동을 하면 욕만 먹는다. 법을 개정하여 노동자의 지위를 안정적으로 만들려는 정치인은 여러 교육단체에서 항의 전화를 받는다.

학교 내 비정규직 노동자의 처우 개선을 반대하는 것은 자유지만 그 이유가 비열하다. 기간제 교사는 남들 공부할 때 편하게 돈 벌려는 사람이고, 계약직 직원들은 죄다 꼼수로 들어갔으니 이들이 '안정적으로' 노동한다는 것은 있을 수 없다는 주장은 '시험을 통과하지 않은 자'를 마음껏 무시한 역사가 어떻게 사람들의 삶을 지배하는지를 증명한다.

시험의 공정성은 과거보다 상대적으로 개선되고 있을 뿐이지 절대적일 수 없기에 그 결과로 타인을 차별해서는 안 된다. 하지만 이 당연한 것을 가르치지 않았던 교육 시스템에 길들여지면, 논리적으로 사람에 대한 혐오를 정당화한다. 논리적인 혐오라니 끔찍하다.

수능일에는 라디오에서 "노력한 만큼 결과가 나왔으면 좋겠다"는 말이 지겹도록 등장한다. 사회를 좋은 쪽으로 변화시키는 것과 무관한 게으른 위로다. 톨게이트 노동자 관련 기사의 댓글을 봐라. 지방대학 출신 학생 할당제 관련 기사의 댓글을 봐라. 기간제 교사의 처우 개선 관련 기사의 댓글을 봐라. 그 빈정거림, 혐오, 멸시를 가능하게 하는 강력한 기제가 무엇인가. 바로 '노력한 만큼의 결과'다. 그러니 '노력한 만큼'이란 상투적인 덕담은 앞으로 벌어지는 일은 전부 자신의 책임이라고 못 박는 것에 불과하다.

시험은 노력한 만큼 결과를 얻을 수밖에 없는 시스템이다. 하지만 이 노력'하는' 것을 가능하게 하는 요소가 사람마다 동등하게 주어질 리 없으니 우리는 '공부의 결과로만' 모든 것을 평가하려는 버릇을 경계해야 한다.

시험을 치르는 사람들의, 시험을 치르기 전까지의 과거가 결코 같을 리 없다. 물질적인 환경은 물론이고 제각각 경험에 따른 심리적 상흔의 깊이도 모두가 다르다.

어떤 부모님, 어떤 선생님, 어떤 지역, 어떤 미디어, 어떤 친구, 어떤 아픔, 어떤 방황, 어떤 무엇 등등 수천 개의 변수가 얽혀서 누구는 운 나쁘게, 누구는 운 좋게 현재를 살아가며 자신 기준에서의 '노력'을 하고 시험을 치른다. 그 결과가 '학력'일 뿐이다. 하지만 이를 신성불가침의 영역으로 규정하면 잘난 사람은 자기가 잘난 줄 알고 거만해지며, 못난 사람은 자기가 틀려먹었다고 자책할 것이다. 당연히, 불평등은 지속되고 더 벌어진다.

3

학교에는 우등생만 존재하지 않는다

_공부 잘하는 학생만 눈에 보이는 사람들에게

> 정시전형이 확대된다고 하자 반대하는 교사들이 많았습니다. 그러
> 면서 학교 에이스들의 활약상을 말하기 바빴지요. 자기반 아무개가
> 어찌어찌해서 서울대에 들어갔다면서요. 여전히 교실은 서울대를
> 갈 학생과 가지 못할 학생으로 구분되어 있나봅니다.

몇 년간 고등학교에서 클러스터 수업을 한 적이 있다. 개설된 다
양한 교과를 학생들이 직접 신청하고 참여하는 수업이다. 생활
기록부에 독서활동, 소논문 작성 등이 기록되고 자기소개서에도
유용하게 활용된다. 입시와 무관하지 않으니 강사로서 공정한
평가를 해야 하는데 쉽지 않았다. 교사들이 특정 학생에 대한 기

대치를 드러내기 때문이다. 토요일 수업이라 교사들이 돌아가며 출근해 공지사항이나 간식을 전달해줬는데, 교실에 들어올 때마다 늘 한 명을 애지중지한다.

"착한 예쁜이, 이 수업 들어? 공부도 잘하고 정말 부지런하구나."

내게도 슬쩍 말을 흘린다.

"저 친구 잘하죠? 이 학교의 에이스랍니다."

평가 전부터 내 시야는 오염되었다. 그 학생이 대답을 잘하면 '역시'라고 생각하고, 망설이면 재촉하지 않고 기다린다. 그나마 나는 속으로 편견을 드러내지 않으려고 했지만 실제 학교 현장에서는 거침없다. "똑똑하니 발표도 잘하네!"라는 칭찬과 "긴장하지 말고 다시 해볼까?"라는 배려는 모든 학생들에게 동등하게 전달되지 않는다. 에이스가 계속 에이스가 되어 명문대에 합격하는 이유다. 교사가 경쟁의 과정에 노골적으로 개입했지만, 아무도 공정하지 않다면서 분노하지 않는다. 오히려 '착하고 공부까지 잘해서' 따라오는 주변의 관심은 자신의 노력에 따른 타당한 보상이라 여긴다.

"걔, 내가 서울대에 보냈잖아."

수년 만에 서울대 합격자를 한 명 배출한 학교의 교사인 친구가 말한다. 그는 두 번이나 그 학생의 담임을 맡았는데 본인 말로는 '내 새끼'처럼 공을 들였단다. 그러면서 친구는 정시전형 확대가 왜 문제인지 조목조목 설명한다. 정시였으면 절대 수능성적으로 강남 아이들을 이길 수 없지만, 수시는 그 빈틈을 본인의 노력 더하기 교사의 선택과 집중으로 메꿀 수 있음을 강조한다. 친구가 아꼈던 학생은 가정 형편도 좋지 않았다. 불가능해보였던 서울대에, 부잣집 아이들을 보란 듯이 제치고 합격했으니 얼마나 기뻤을까. 명문대 진학률이 낮아 그저 그런 취급만 받았던 지역사회에도 일종의 쾌거였다. 친구는 감사패도 받았다.

정시전형의 확대는 역사의 축에서는 분명 퇴행이다. 수시가 정시의 한계 때문에 등장한 것이기에 수시전형의 한계를 정시전형의 확대로 해결한다는 말은 어불성설이다. 하지만 정시전형 확대를 반대하면서 '수시전형이 공정하다'고 주장하는 것은, "다 정시전형으로 뽑자"는 이들의 목소리에 담긴 교실 안 불평등을 무시하자는 것에 불과하다.

수시는 기회의 문을 다양한 방법으로 쪼개는 것이기에 자신이 어떤 지역에 사는지, 부모님의 소득이 얼마인지 걱정하면서 지레 포기하지 않을 단서를 제공한다. 정시라면 언감생심인데 수시면 명문대가 가시권인 학생들이 등장하니 교사도 바빠졌다. 힘들지만 관심의 크기만큼 보람이 생긴다. 하지만 이 긍정적인 변화가 교실 '안'에서 선택과 집중을 받지 못했던 배제된 이들의 감정을 긍정적으로 만들지는 않는다. 교사가 '우리에게도 기회가 왔다'면서 최선을 다할수록 애초에 공부와는 거리가 멀었던 다른 학생들은 내세울 것 하나 없는 현실을 교실이라는 작은 공간에서 3년 내내 마주한다. 상흔의 깊이만큼 차라리 정시가 공정하다는 느낌이 요동친다. 착각이라 할지라도 본인이 결론에 이르기까지의 경험은 묵직하다.

입시가 명문대 진학으로 성패를 구분하는 한 어떤 해법도 무용하다. 정시가 공정하게 보이는 지점과 수시가 불평등을 극복하는 묘수처럼 느껴지는 사례는 차고 넘친다. 하지만 학교가 될 사람만 밀어주는 게 훨씬 효율적인 상황이 존속하는 한 어떤 교육정책도 전인적인 교실을 만들지 못한다. 한 번의 시험으로 사람에게 열등의 딱지를 붙이는 정시에 비해 수시는 분명 좋은 제도다. 하지만 이론이 그렇다는 것이지, 지금 현장에서 벌어지는 수시가 정의롭다고 착각해선 안 된다. 학교에는 우등생만 존재하지 않는다.

4

'좋은' 고등학교가 생기면 사회도 좋아질까

_ 성적으로 죽어도 선을 긋겠다는 사람들에게

> "대학 나온 사람과 아닌 사람은 다르지." 처음엔 이러했죠. 다음은
> "이름 있는 대학 나온 사람과 이상한 대학 나온 사람은 다르다"였
> 습니다. 고등학교도 오랫동안 인문계라는 기준으로 경계선이 있었
> 죠. 그것도 문제인데, 이제는 줄 하나가 더 그어졌지요.

자사고와 특목고가 늘어나면서 교육 생태계의 파괴는 물론이고 사회 공동체의 신뢰관계가 무너졌다는 사례는 차고 넘친다. 먼저, 낙담의 시기가 빨라졌다. "성공하려면 좋은 대학에 가라"는 과거의 나쁜 조언은 더 악랄해져, "이상한 고등학교에 진학하면 큰일 난다"는 협박이 부유한 지 오래다. 이는 특별한 곳에 가느니

마느니가 중학교 교실에서 가려진다는 말이니, 어린 나이에 인생의 쓴맛을 느끼는 개인들이 많아졌음을 뜻한다. 성인들도 쉽사리 떨쳐버리지 못하는 '실패자'라는 오명을 이제는 열다섯 살 남짓한 청소년들이 마주하면서 "대학 가기에는 글렀다. 내 인생은 망했다"면서 자조하는 것이 과연 상식적일까?

낙담의 조기화만큼 일반고는 달라졌다. 과학고나 외고는 예전에도 있었지만 진학하지 못한 학생들의 삶을 괴롭히지는 않았다. 그 학교들은 동네에 한 명 있을까 말까 하는 천재들이나 발탁되어 따로 공부하는 곳 정도로 이해되었다. 당연히 고교 입시에 집착하는 중학생들도 드물었다.

하지만 언젠가부터 일반고는 좋은 곳에 '못 간' 사람들의 공간이라는 인식이 강해졌다. 덩달아 명문대 진학은 자신의 그릇이 아니라는 체념이 늘면서 '우리 주제를 알자'는 공기가 학교에 팽배해졌다. '대학 입시'만을 목표로 했던 과거의 학교가 좋았다는 것이 아니라, '고교 입시 실패'라는 말이 빈번해지면서 평범한 고등학생이 자신의 생애를 불합격으로 규정하는 지금이 이상하다는 말이다. 이 지경이니 '우리 학교는 특목고에 아쉽게 합격하지 못한 학생들이 많다'면서 어떻게든 인정받으려고 발버둥을 치는 일반고들도 있다.

어릴 때부터 특별함을 인정받으며 목표를 향해 정진하는 쪽과 반대편에서 부족함을 겸손히 인정해야만 하는 집단 사이에 격차가 벌어지는 것은 당연하다. 이 사실은 자녀가 명문대에 가길 원한다면 명문고에 입학시켜야 한다는 학부모들의 강박을 절정에 이르게 한다.

이 난리가 딱 그 학교 정원만큼의 가정에서만 벌어지겠는가. '자사고에 가려면 어떻게 해야 한다', '특목고를 목표로 삼아야 한다'는 권고는 사람을 가려 전달되지 않는다. 모두가 그럴 가능성이 있다는 희망을 버리지 못하니 초등학교 때부터 경쟁은 일상이 되고, 집착의 세월이 길고 두터운 만큼 개인이 체감하는 실패의 충격은 클 수밖에 없다.

관문을 잘 넘어간 이들이 좋은 리더가 되면 다행이겠지만 결코 그런 일은 없다. 어릴 때부터 철저히 분류된, 그러니까 삶의 궤적이 유사한 엘리트끼리 모인 집단의 '합의된 결정'은 위험천만하다. 공동체 안에 다양한 계층이 존재함을 살아가면서 자연스레 체험하지 못하고 그저 부모님께 들었던 대로만 세상 이치를 이해하고 사람을 평가하는 이가 '결정권자'라고 생각하면 끔찍하다.

밑도 끝도 없이 자신은 공부를 열심히 해서 이 자리에 이르렀다는 말만 되풀이하는 사람이 정치인·법조인·교육자·언론인이 되어 생산하는 여론으로 돌아가는 사회는 결코 건강할 수 없다. 게다가 바늘구멍을 통과한 자들은 사람을 철저히 가려내는 이틀을 유지하려고 한다. '어떤' 고등학교라는 무기는 대학생들 사이에서도 만연하다. 학교 야구점퍼를 입을 때에도 특정 무리들은 자신의 출신 고등학교 이름을 점퍼 옆면에 새긴다고 하지 않는가.

이런 구조를 고치려고 하자 여기저기서 반대의 목소리가 등장한다. 정부가 자사고와 특목고를 폐지하려고 하자, 자사고 학생들이 문화재를 열어 직접 공연을 한다는 뉴스가 들려온다. 자신들이 입시 기계가 아니라 다양한 교육을 받고 있음을 증명하려는 의지라고 일부 언론에서는 해석하기 바쁘다.

그렇다면 더 의문이다. 왜 그 좋은 과정을 모든 학생이 배우지 못한단 말인가? 다양성을 배우고 실천하는 것은 청소년의 권리다. 이것을 초등학교 때부터 맞춤형 학원을 다녔기에 중학교 교과 성적이 우수할 수밖에 없었던 일부가 고등학생이 되어 향유한다는 것은 이상하지 않은가? 이야말로 철폐 사유 아닌가.

5

교실에도 정치가 필요하다

_학생들은 미성숙하다는 사람들에게

중립적인 교사란 존재하지 않습니다. 같은 사건도 교사의 입을 통해 전달되면서 미세한 해석 차이가 생기지요. 학교 폭력으로 누가 극단적인 선택을 했는데, "신경 쓰지 말고 공부에나 집중해!"라고 말하는 교사는 중립적인가요? 교실은 언제나 정치적이었어요.

고등학교에 강연을 하러 가면 '용기를 얻었다'는 메모를 전하는 학생들을 만난다. 하루는 그 내용이 상세했다. 요약하면 이렇다. 맹목적인 찬반토론에 집착하는 학교의 사회과목과 달리 '무엇이 틀렸다'는 비판을 확실히 해줘서 고마웠다. 교사들의 기계적 중립성이 답답했는데 좋은 사회를 위해 나쁜 선택을 하지 않는 법을 알려줘서 좋았다 등이다.

하지만 같은 내용을 학부모 연수에서 언급하면 항의가 빗발친다. 정치적 선동은 그만해라, 특정 정당을 떠올리게 하는 발언을 삼가라 등등. 빨간 띠를 머리에 두르고 혁명에 동참하라고 강요했다면 모르겠는데, 양극화를 방관하는 일상의 씨앗을 찾고 편견을 깨자는 내용을 문제 삼는다. 나도 그들에게 "왜 저한테만 정치적이라고 하세요?"라고 따진다.

본질, 순수 등의 고상한 단어로 교육을 포장하는 사람들은 기득권을 비판하는 내용에만 '정치적'이라는 딱지를 붙인다. 자본주의를 자연적 질서처럼 가르치는 교과내용은 문제 삼지 않지만, 이를 비판하면 정치적인 사람이 된다. 성장은 절대 규율이지만, 분배는 정치적 선동이다. 그래서 대한민국의 발전을 찬양하면 도덕적이지만, 이면을 따지면 뒤틀렸다고 욕먹는다. 기업을 칭찬하면 긍정적이지만, 노조의 필요성을 말하면 정치색깔로 얼룩졌다고 비난받는다. 석차와 대학 서열화는 세상의 이치지만, 학력주의를 비판하면 포퓰리즘이라는 소리를 듣는다. 지금껏 성차별에 둔감하고 동성애를 공공연하게 혐오했던 수많은 정치적 교사들은 아무런 제재를 받지 않았지만, 성평등을 주장하고 성소수자의 인권을 부르짖었던 또 다른 정치적 학생들은 온갖 혐오에 노출되었다.

선거권이 만 18세에게도 주어지니 익숙한 반론 두 가지가 떠돈다. 고등학생들은 판단력이 부족한 미성숙한 나이라는 것과 정치화에 대한 우려다. 선거권 조정은 청소년을 미성숙하다고 보는 '굉장히 정치적인' 관념에 반대해, 바위에 달걀을 던졌던 정치적 행위가 오랫동안 있었기에 가능했다.

솔직히 어른들이 성숙을 거론할 처지인가. 선거에 돈 봉투가 오갔던 시절은 말하지 않겠다. 여전히 단어 몇 개에 현혹되어 사람을 이념으로 재단하고 재건축, 부동산 개발 호재 등을 요리조리 짜깁기한 공약에 정신이 홀린 사람들 덕택에 국회의원 배지를 단 분이 얼마나 많은가.

교실이 정치판이 될 것을 우려한다는 말은 지금껏 정치라는 말이 얼마나 오용됐는지를 증명한다. 앞에서도 언급했지만 지금까지의 교육 정치판엔 왜 그렇게 관대했는지 묻고 싶다. 승자독식 사회에서 살아남으려면 명문대에 진학해야 하니 학교에서 줄 세우는 공부만을 해야 한다는 생각은 정치적이지 않은가? 약육강식 논리로 공동체를 이해하겠다는 것도, 탐욕이란 고삐 풀린 마차를 제어하지 않겠다는 것도 다 정치적이다. 시험 성적만이 보상의 척도라니, 전지전능한 신의 계시라도 된다는 말인가?

반대 의견이 없으면 한쪽의 논리가 우주의 질서처럼 포장된다. 자신의 생각이 대자연의 질서로 인식되면 차별에 둔감해진다. 사람들이 만든 사회 안에 어떤 논리도 침범할 수 없는 순수의 결정체 따위는 없다. 교실에서도 여러 정치적 이야기가 가득해

저야지만 이상한 신념을 깰 수 있다. 면학 분위기가 흐트러진다고 걱정들인데, '그러자고' 선거권은 청소년들에게도 필요하다.

6

슬기로운 대학 생활이란 없다
_대학의 민낯을 알고 싶은 사람들에게

> 시간강사 생활을 정리한 이유 중 하나는 '소외감'이었죠. 사회비판
> 학문을 가르치는 내 모습이 대학과 도무지 어울리지 않는다는 느낌은
> 참으로 힘들었습니다. 자본주의라는 현실세계를 비판하는 것을 '초
> 현실적으로' 바라보는 학생들의 눈빛이 지금도 기억나네요.

"여러분들의 새로운 여정을 축하하며, 지금부터 주어질 자유와 낭만 속에서 자신이 무엇을 갈망하는지 물어보세요. 그리고 다양한 지식을 접하는 희열을 느끼면서 시민으로 성장해주세요."

10년 넘게 대학에서 가르치면서, 3월 첫 강의 때마다 했던 말이다. '어른들이 가라고 해서' 대학이라는 새로운 공간에 비싼 돈

들여 발을 내딛은 새내기들에게, 여기는 취업사관학교이고 목표
는 오직 기업의 노예로 선발되는 것이라고 차마 말할 수는 없었
다. 하지만 내가 대학과 작별하는 순간이 다가오는 순간까지 현
실과 동떨어진 소리를 하기는 싫었다. 빌어먹을 대학이 사람을
어떻게 괴롭히고 길들이는지를 '시작부터' 아는 것도 나쁘지 않
겠는가.

   행복은 주어진 환경에서 자기가 마음먹기 나름이라고 한다지
만 대학은 그럴 수 있는 구조가 없다. 수강 신청을 할 때부터 이
상하다. 듣기 싫은 '필수' 과목은 왜 그리도 많은가. 건학 이념 같
은 케케묵은 강의는 차치하더라도 영어, 컴퓨터, 읽기와 쓰기 등
의 강의를 신청하고 나면 고교 때와 진배없는 시간표가 된다. 게
다가 기업의 입맛에 맞추려는 의도가 다분한 CEO 리더십, 글로
벌 비즈니스 예절 등의 요란스러운 이름의 강의를 들어야 하니
다양한 강의를 찾아들을 시간 자체가 봉쇄된다. 초과 학점을 신청
해서라도 대학에 온 보람을 느끼고 싶어 한들, 이를 만족시킬 만
한 강의는 사라진 지 오래다. 대학은 취업률이 낮은 학과를 압박
했고 자연스레 실용과목 위주로 커리큘럼을 개편했다. 물론, 회사
에서 보스에게 사랑받는 법을 외우고 나비넥타이 매는 법을 열심
히 공부(?)하면서 행복을 느낀다면 문제 될 것은 없다.

   많은 이들이 대학의 민낯에 실망하겠지만, 학기가 지나갈수록
자신들이 철저한 현실주의자가 되고 있음을 어렵지 않게 발견할

것이다. 면접에서 혹시나 꼬투리 잡힐까봐 '혁명', '마르크스', '노동' 등의 이름이 들어간 강의를 피해가는 것은 약과다. 실용과목을 너무 많이 접해서일까? 이들은 가급적 적은 시간을 들여 학점을 보장받는 강의를 찾으려고 부단히 노력한다. 강의 중에 다른 과제를 해도 괜찮은, 그러니까 '제대로 듣지 않을' 과목을 고르는 역설이 이해되는가. 학생들은 파워포인트만 줄줄 읽고 빈칸 채우기 수준의 기계적인 문제를 내는 교수를 보며 무슨 대학 강의가 이따위냐면서 욕하지만, 그렇다고 자유롭게 토론하면서 자신의 생각을 논리적으로 작성하는 서술형 시험을 선호하지 않는다. 시간을 효율적으로 관리하지 않으면 취업에 필요한 스펙을 마련하기가 어려운 세상이니 누굴 탓하겠는가. 누구라도 이렇게 길들여질 수밖에 없다.

컴퍼니가 된 캠퍼스의 풍경은 어떠할까? 게시판은 토익, 중국어 학원의 전단지와 라식, 라섹 수술을 특별 이벤트로 대폭 할인한다는 병원 광고로 넘쳐난다. 그 옆에는 '예쁜 눈 선발대회'를 열어 우승자에게는 장학금을 지급하겠다는 렌즈회사의 소식도 볼 수 있다. 가끔 시대를 비판하는 진지한 내용의 대자보가 붙기는 하는데, 이를 읽는 사람들은 없다. 곳곳에 나부끼는 현수막은 절반이 기업설명회 소식이고, 나머지에는 그런 기업에 합격한 사람들 명단이 나열되어 있다.

이런 공간에서 학력차별을 밥 먹듯 하는 교수를 만나고, 말하는 사람도 듣는 사람도 어색한 괴상한 영어강의와 마주하는 건 덤이다. 여기서 나름 행복을 찾을 수 있으면 꼭 그렇게 하길 바란다.

이미 실천하는 이들도 있다. 취업만이 정답인 곳에서 많은 이들이 공무원이 되는 것 외에는 정답이 없는 분위기를 인정한다. 스펙을 마련할 돈과 시간이 없다면, 지방대라는 타이틀이 두렵다면, 공무원 시험에 도전하는 것이야말로 행복을 찾는 가장 현명한 방법이다. 이중 합격한 일부는 '마음만 먹으면 무엇이든 될 수 있는' 사례가 되어 합격 비법을 전수하기 바쁠 것이다.

그 덕에 다른 꿈을 포기하고 공무원이 되길 희망하는 대학생들은 많아진다. 목표가 선명해진 이들은 답 너머의 답을 찾아가는 머리 아픈 강의는 가급적 피하면서 슬기로운 대학 생활을 할 것이다.

4부

성평등은 생각하기
나름이 아니다

여자만의 촉은 없다

_사회적 반응을 본성으로 착각하는 사람들에게

> 경력이 단절된 여성을 지원하는 행사에 강연하러 가면 아쉬운 장면
> 을 목격합니다. '보란 듯이 경력단절을 극복한 여성'들이 등장해서
> 밑도 끝도 없이 "여성만의 무기가 있다"고 일장연설을 하는 모습.
> 수십 년 전에도 이런 식이었죠. 그래서 세상이 좋아졌나요.

"정말 여자에게는 남자와는 다른 촉이 있다니까요!"

부부 사이의 고충을 말하는 예능 방송에서 남자와 여자, 그리
고 좀 다른 말을 하라고 앉아 있는 전문가들까지 '여자만의 무엇'
이 있다면서 맞장구친다. 여자들은 자신의 '감'이 맞아떨어진 사
례를 말하며 목소리를 높이고 남자는 '여자의 신통한 재주'를 인

정하는 듯 머리를 긁적거린다.

　얼핏 그 장면만을 보면 남자라는 존재는 여자의 손바닥 위를 벗어나지 못하는 꼴이다. 방송만이 아니라 일상에서도 여자만의 직감이 있다고 믿는 사람들은 많다. 여자를 무능력하게 묘사한 기존의 경우와는 다른 성별 특성 구분이기에, 자신을 페미니스트라고 소개하는 사람들이 이 '슬프고도 위험한' 말을 종종 내뱉기도 한다.

　여자만의 촉은 지독한 성차별의 '결과'이기 때문에 슬프다. 이 신화를 가능케 한 일상의 사연들은 철저히 시간과 공간이 제한된, 그러니까 여자가 사회적 활동이 자유로운 반대편을, 그러니까 남자가 언제, 어디서, 무엇을 했는지를 의심하는 형태다. 육아와 집안일을 책임지는 사람이 평일 저녁에 어디에서 무엇을 하는지는 굳이 확인하지 않아도 알 수 있으니, 남자는 애초에 의심의 안테나를 펼칠 이유가 없다. "당신 지금 어디야!", "누구와 있는지 솔직하게 말해!"라는 불신의 눈초리는 기울어진 운동장에서 불리한 쪽에 있는 사람의 불안일 뿐이다.

　이 역사의 장구함 덕택인지 비슷한 고민을 공유하는 커뮤니티에서는 남편이 수상할 때 던져야 하는 '예리한 질문' 목록들이 집단지성의 힘으로 완성된 상태다. 이를 실천하다 보면 남자의 사소한 행동과 흔적들에서 중요한(?) 증거를 발견하지 않을 수가 없다. 그 결과를 보면서 여자든 남자든 '역시 여자에겐 촉이 있어'라는 담론을 주변에 퍼트리니 성별 고정관념은 견고해질 수밖에 없다.

이렇게 생각해보자. 여자들이 남자와 다르게 화장실의 평범한 구멍 하나에도 예민한 이유는, 본능이어서가 아니라 그곳에 카메라를 설치하는 이상한 사람들(주로 남자), 또 그 영상을 보는 사람들(주로 남자)이 많은 사회에서 보호받지 않는 존재로 살고 있기 때문 아니겠는가.

게다가 여자의 '촉' 우월성 긍정 논리는 성차별의 '원인'이 되기에 위험하다. '감'에 대한 찬사는 여자를 오랫동안 제한적인 틀에 가두었던 '섬세하고 감정적인' 이미지로 다시 포장하는 수순으로 이어져 바로 그 특징 때문에 일터에서 차별을 정당화한다. 엎친 데 덮친 격은 차별의 원인이 차별의 '극복' 소재로 회자되는 경우가 많다는 데 있다. 조직사회에서 여성으로서 높은 위치에 오른 사람들의 이야기를 들어보면 자신의 경쟁력을 '엄마의 자상함과 여성의 섬세함'에서 찾는 경우가 많다. 엄마처럼 주변 사람들을 보듬어주고, 작은 것을 놓치지 않는다면 불가능은 없다나 뭐라나. 나는 기업 임원이나 고위공무원 특강에 가서 늘 이렇게 묻는다.

"그런데 여기에 모인 100명이 넘는 사람들 중에 왜 여성은 한두 명밖에 없죠?"

조직사회는 자상함과 섬세함을 지닌 이들을 '많이' 필요로 하지 않는다. 감정보다는 논리를 우선시하며, 작은 것보다는 전체를 조망할 줄 아는 능력을 우대한다. 결국 여자만의 촉이 있다는 말들이 모이고 모일수록 남자들이 '더' 일터의 적임자로서 대우를 받게 된다. 여자는 직장의 어머니 혹은 꽃으로서 존재는 하겠지만 유리천장의 틈새를 통과한 자는 언제나 소수다. 누군가가 천장의 가운데를 깨려고 하면, 그렇게 칭찬받던 감정과 섬세함이라는 특징은 "여자들은 작은 것에 트집 잡다가 중요한 것을 놓치다"는 말로 둔갑하여 남녀의 차이를 인정하자는 기만적인 이야기로 이어진다.

그 차이는 자연스레 여자가 육아의 적임자라는 케케묵은 고정관념으로 이어진다. 아이, 특히 갓난아기를 돌본다는 것은 종일 사소한 것에만 온 신경을 곤두세우는 것이고 이 지루한 시간을 설명할 수 없는 충만한 감정으로 버티는 것 아닌가. 이 감정, 근거는 없지만 자상하고 섬세한 사람과 상관있는 것 같다. 결국 경력단절은 일하는 것으로도 죄책감을 가져야 하는 여자만의 선택이 된다. 기울어진 운동장의 한편으로 밀려난 이들은 늘 남자가 어디에서 무엇을 하는지가 궁금할 뿐이다. 그래서 오늘도 자신의 '촉'을 발휘하기 바쁘다.

— 2

밥벌이의 비애와 불평등

_ '남자의 삶을 아느냐'는 사람들에게

> 출산 후 경력이 단절되었다가 6년 만에 취업한 여성이 있습니다.
> 첫 출근날 아침, 아이가 아프네요. 남편은 늘 하던 대로 회사로 갔고
> 아내는 뭐, 잘 될 리가 없었지요. '30년간 지각한 적 없다'는 아버지
> 들의 이야기가 많은데, 그 가정에선 무슨 일이 있었을까요?

일요일 새벽, 세탁할 옷들을 가방에 담아 빨래방으로 향한다. 주
중에도 최소 두세 번은 집에서 세탁기를 돌리지만 일요일이 되
면 어김없이 산더미처럼 옷들이 쌓인다. 빨래하고, 널고, 개면서
하루를 보내면 '하느님도 쉬셨다는 휴일에도 이렇게 살아야 하
나' 하는 서러움이 밀려온다. 게다가 방에서 옷을 말려야 하는 처

지라면 습기 가득한 좁디좁은 공간이 참으로 원망스럽다.

집안일의 징글징글한 연속성은 사람을 참 지치게 한다. 내게 빨래방은 이 난국을 타개하기 위한 한 수인 셈이다. 세탁 4천 원, 건조 4천 원이면 뽀송뽀송한 옷들을 만난다.

이제 본격적으로 주말을 주말답게 보내볼까? 지친 일상을 내려놓고 혼자만의 시간을 보내기 위해 어디라도 갈까? 불가능하다. 나는 집안일 하나를 끝냈을 뿐이다. 여전히 할 일은 천지다. 가족들 아침식사를 준비해야 하고 이후에는 아이들과 시간을 보내야 한다. 도서관에 가서 연체된 책을 반납해야 하며 자전거로 동네 한 바퀴를 돌아야 한다. 때로는 박물관에 가거나 어린이가 볼 만한 영화의 보호자 관람객이 되기도 한다. 저녁이 되기 전에 마트에 들러 여러 찬거리를 사는 것도 필수 일과 중 하나다. 그리고 이 모든 것이 끝나야 나는 본업인 읽고 쓰기를 할 수 있다. 내게, 일상을 끊는 온전한 휴식이란 존재하지 않는다.

가끔은 억울하다는 생각이 스치기도 한다. 다른 남자들은 나처럼 살지 않는 모습을 볼 때면 더욱 그렇다. 일단 빨래방에서 여성의 속옷부터 아이의 양말까지 들고 오는 중년의 남자를 만나긴 어렵다. 가끔 남편으로 추정되는 사람들은 엄청 크고 두꺼운 이불을 들고 오는데 아내를 따라서 오는 경향이 짙다. 짐꾼의 역할만 하겠다는 자세가 다분해보이는 남자들은 그 공간을 낯설어 한다.

건조가 끝난 옷들을 개면서 창밖을 보면 나와는 다른 일요일을 시작하는 남자들이 지나간다. 그들의 옷차림과 들고 있는 가방으로도 오늘 무엇을 하려는지 알 수 있다. 등산이나 낚시, 야구, 축구 혹은 골프를 하러 가는 사람들이다. 새벽부터 저리 서두르지만 표정은 무척 밝다. 출근길에는 볼 수 없는 얼굴이다. 집 안에서 밖으로 나와 가족이 아닌 누군가를 만나러 가는 사람들의 발걸음은 경쾌하기만 하다. 이 날만을 기다려왔다는 결의마저 느껴진다. 저들은 같은 취미를 공유하는 이들을 만나 '살아가기 위해 반드시 필요한 재충전'의 시간을 보낼 것이다. 일부는 헤어짐이 아쉬워 거하게 회식을 하고 술에 취해 비틀거리며, 집을 떠난 지 열네 다섯 시간 만에 돌아오는 남자들 중 한 명 일지도 모른다. 우습기도 하지만 약간은 부럽기도 하고.

사람들은 나의 푸념을 들으면 "너도 그렇게 하라"고 망설임 없이 말한다. 여기까지는 괜찮은데 그다음이 문제다. 내가 그럴 운수가 아니라는 표정을 지으면 그들은 꼭 아내의 근황을 확인한다. 가까운 사람일수록 말투가 심한데, 이런 식이다.

"도대체 아내는 주말에 뭐 한다고, 너 혼자 그렇게 고생을 사서 해?"

아내랑 '함께'도 아닌, 아내가 '희생하면' 주말을 참으로 멋있게 보낼 수 있다는 논리를 어떻게 받아들여야 할까. 주중에 열심히 일하는 가장에게는 주말에 '그럴' 권리가 원래 주어져 있는데 왜 그걸 마다하고 고난의 길을 걷는지를 한심하다는 표정으로 추궁한다. 그에게 나는 말한다.

"내 아내가 왜 그래야 하죠?"

상대는 원했던 답이 아니라서 당황한다. 필시 내가 푸념하는 것은 아내가 아프거나 혹은 경제활동을 책임지고 있기 때문에, 인류가 합의한 가정 내 남녀 역할을 임시적으로 조정했을 것이라고 멋대로 생각했나 보다.

내 상황과 아내가 무관한 것은 아니다. 나는 월요일부터 토요일까지 일을 하는 아내의 온전한 휴식을 보장하기 위해서라도 일요일만의 새로운 루틴을 만들 수 없다. 애처가 나셨다고 운운하겠지만, 내가 그러는 이유는 불평등을 외면할 수 없어서다.

아내는 12년간 경력 단절의 세월을 보냈다. 결혼한 지 12년이니 그 이유는 돌려 말할 필요 없이 '나' 때문이다. 나는 여자는 집에서 살림이나 하라고 말한 적이 없다. 머릿속에 그런 생각 자체가 없지만, 사회구조의 힘은 대단했다. 아기가 있는 상태에서 부부가 함께 일을 하려면 어떤 식으로든 비용이 발생한다. 서로가 일에 집중하기가 힘들고 스트레스만 쌓여가는 건 당연지사.

배보다 배꼽이 더 커진 상황에서 부부는 고민에 빠진다. 장기적으로 볼 때, 누가 일을 계속해야 가정 내 소득이 높아질까? 원초적인 질문의 답을 찾다 보니 내가 경제활동에 매진하고 아내는 남편의 집중력을 흩트리지 않는 환경을 조성하는 데 애쓰게 되었다.

가정을 유지하기 위한 두 남녀의 노고는 보상의 크기가 완전히 다르다. 나는 책도 펴내고 방송에도 나오면서 성장하고 있지만 아내의 '육아 경력'은 최저임금 받는 일자리를, 그것도 어렵게 구하는 원인이 되었을 뿐이다.

불평등의 덫은 견고하다. 아내는 12년 만의 외출을 시도하면서도 생계 주부양자의 삶을 방해하지 않으려고 오전 열 시부터 오후 네 시까지 일하는 파트타임 자리를 구했다. 자신의 미래를 생각하여 하고 싶은 일을 선택한 게 아니라 딱 그 시간에 할 수 있는 일에 적성을 맞췄다. 그 덕에 나는 여전히 새벽에 출발하거나 밤늦게 돌아오는 일정을 마다하지 않는다. 내 선택에 맞추어 아내는 자신의 일이라고 여기는 육아와 살림을 제때 해낸다.

그 덕분에 나의 평일에는 순간순간 '일상을 끊는' 시도들이 존재한다. 집에 들어가는 길에 잠시나마 모든 근심을 내려놓고 소주 한 잔을 할 여유가 내게는 있다. 때로는 '에라 모르겠다. 별 일 있겠냐'면서 휴대폰을 <u>끄고</u> 영화를 보기도 한다. 하지만 아내는 친구와 맥주 한 잔을 하는데도 내가 저녁에 집에 복귀하는지 미리 스케줄을 확인해야 한다. 누군가의 불평등한 삶을 기반으로 평일을 보낸 내가 어찌 주말을 주말답게 보내지 못한다고 투덜거릴 수 있단 말인가.

오랫동안 가장들은 가족을 책임진다는 이유로 가정이 불평등하게 유지되는 것을 당연하게 받아들였다. 그렇다고 그러면 안 되지만, 그렇게 행동했다. 힘들다며, '돈 벌어 오는 사람을' 함부로 대하지 말라면서 소리쳤다. 생각했던 권위가 통하지 않으면 가족이 자신을 무시한다면서 화를 낸다. 누군가를 함부로 대했으면 성찰을 해야 하지만, 남자들은 돈을 버는 '비애'에 자신을 연결시키는 것에 더 익숙했다.

영화 〈우아한 세계〉의 마지막 장면을 보고 뭉클하지 않을 '아빠'는 없다. 강인구(송강호 분)는 조직폭력배로 살면서도 가족 앞에서 당당해지고 싶어 하는 인물이다. 하지만 목숨 내놓고 일하는 남편을 아내가 좋아할 리도, 담임교사에게 단란주점 이용권을 주는 아빠를 딸이 신뢰할 리도 만무하다. 결국 기러기 아빠가 되어 늘어진 러닝셔츠에 사각팬티를 입고 처량하게 라면이나 끓여먹는 신세를 맞이하게 되는데, 아내는 딸의 즐거운 외국 생활을 영상으로 담아 남편에게 보낸다. 화면에 등장한 딸의 행복한 표정에 아빠는 뿌듯해 하다가, 가족을 위해 평생 일한 자신은 왜 함께하지 못하는지 서글퍼져 울면서 그릇을 뒤엎어버린다. 그리고 궁상맞게 바닥에 떨어진 라면을 주워 담으며 영화는 끝이 난다. 전문가들은 이 장면을 보고 '밥벌이의 더러움과 서러움과 지겨움'을 보여주었다고 평가하기도 했다. 아! 아버지는 고독하다.

많은 남성들은 이 비애를 감추지 못한다. 어깨가 축 처진 만큼 가정에서 다른 이의 희생을 요구한다. 밥벌이가 고단하니 육아와 집안일은 아내가 책임져야 하고, 평일 내내 피로하니 주말에는 혼자만의 시간을 보장받아야 한다. 사회가 개인을 어떻게 괴롭히는지를 묻기보다는 그저 가장의 무게라는 단어만 남발하는 세상에서, 수많은 아버지들은 집 안의 불평등을 인지하지 못한다. 그래서 다른 이에게 '끊이지 않는' 집안일을 전가하고, 자신은 평일의 삶을 '분리하는' 주말을 보상의 차원으로 소비한다.

3

당신은 어떤 8년을 만들었는가

_'왜 그때는 가만히 있었냐'는 사람들에게

'혹시 그때 그거? 에이, 아닐 거야.' 미투운동이 촉발되자 남성들은 자신들이 가해자가 아닌지를 걱정합니다. 자신이 문제면, 대한민국 남자들은 다 잡혀간다고 정색하죠. 여성들은 좀 다르겠지요. '사회 생활'이라는 말 속에 어쩔 수 없이 덮어야만 했던 부당한 경우들을 떠올립니다.

검사 조직에 있는 남성들이라고 한국의 역사와 문화를 비껴가서 성장했겠는가. 검사 조직에 있는 여성이라고 해서 남성들의 폭력을 피해갈 수 있겠는가. 대한민국 어딜 가나 여성은 성폭력에 노출되거나 이를 비호하려는 권력과 마주한다. 그러니 당연한 소리에도 용기가 필요하다.

"피해자에게는 잘못이 없다는 말을 하고 싶었다."

이 상식적인 말을 하면서도 당사자는 울컥거림을 참느라 이를 악물었다. 그만큼 비상식의 세상이었다.

기존의 판을 바꾸려면 먼저 8년이나 피해자가 침묵할 수밖에 없었던 그 문화를 바로 우리가 만들었다는 것을 인정해야 한다. 가해자를 괴물로 규정하면 마음은 편하겠으나 재발을 막을 수 없다. 내 삶 안에서 괴물을 키우는 순간들이 얼마나 잦았는지를 짚어야만 큰 물줄기의 변화를 기대할 수 있다.

누구나 생각 없이 내뱉는 말인 "남자라서 노는 게 다르다", "남자들은 좀 화끈한 면이 있지" 등의 표현에 노출된 남성들은 정말로 그렇게 논다. 여기에 익숙해지길 거부할 때 등장하는 "남자가 소심하게 왜 그래?", "남자는 그래도 괜찮다" 등의 말들이 남성우월주의자들의 전유물도 아니다. '쪼잔하다'는 표현을 자연스레 남성과 연결시켜 사용하는 사람들은 다름 아닌 우리들이다.

평범한 사람들의 나쁜 습관들에 노출된 남자들은 누구나 "총각딱지 뗐니? 뗄래?" 등의 말들을 듣거나 하며 이와 비례하여 여자를 우습게 여긴다. 특히 아무나 건드리지 못하는 고위직으로 갈수록 죄의식이 흐려지니 유흥업소에서나 하던 버릇을 장례식장에서조차 감추지 못한다. 이 사람은 분명 괴물이지만, 이 사람은 우리에게도 익숙한 순간들을 거쳐 가며 어른이 되었을 게다.

피해자의 자기 탓도 우리 때문이다. 누구나 '조신하다'는 말을 여성과 결합시켜 사용한다. "여자가 왜 이리 칠칠맞냐"는 말을 일상에서 발견하기란 어렵지 않다. 여성은 화장해도 욕먹고 안 해도 욕먹는 현실에서 세상의 눈치를 봐야 하고, "여자라면 평생 다이어트죠"라는 광고에 노출된 채 직업 불문 직장의 꽃이 되어 버티다가 한순간에 꺾인다. 문제 제기를 한들 '예쁜 여자를 좋아하는 건 인지상정'이라는 답만 메아리치는 사회에서 여성들은 자신의 부족함을 탓하는 삶을 살아야 한다. 그래서 8년이나 필요했다. 우리가 너무나 익숙하게 뱉었던 말들 때문이다.

하지만 이 8년에서 희망을 발견하는 것도 판의 변화를 위해 중요한 일이다. 그나마 8년을 넘기지 않게 된 이유는 무엇일까? 2010년부터의 8년은 그 이전의 8년과는 완전히 달랐다. 그 기간에 옳은 선택들을 하고 틀린 말을 하지 않는 사람들이 조금씩 늘어갔다. 사람들은 '젠더'라는 뜻을 이해하기 시작했다. 대학 강의 평가에서 성희롱 발언을 했는지를 묻는 문항이 등장했고, 업무의 연장이라는 회식이 싫다는 사람이 늘어났다. 경력단절을 '엄마라면 당연한 선택'처럼 포장하지 않고 말 그대로 경력이 단절된 비관적인 것으로 보는 분위기도 늘어났다. 여성은 누구를 위한 존재가 아니라는 당연한 이치가 약간씩 수면 위로 올라왔다.

무엇보다 여성들은 부당함에 항의했다. 그리고 책을 읽고 실천했다. 그 여성들을 보고 생각을 고쳐나가는 남성들도 하나둘 생겼다. 쉽지 않은 시간이었다. 하지만 이들은 전통과 문화가 아니라 상식을 선택했다. 주변에서는 "예민해졌다"고 했지만 개의치 않았다. 사회'생활'이 아니라 '사회'의 미래를 걱정한 사람들 덕택에 누군가는 어렵게 용기를 냈다. 유별난 사람들이 더 많았더라면 8년이나 걸리진 않았을 것이다.

당신은 어떤 8년을 만든 사람인가? 8년을 유지시켰던 사람인가? 아니면 8년의 벽을 깬 사람인가?

세상은 사람이 만든다. 사회가 좋아지든 나빠지든 이는 사람들의 선택이 모인 결과다. 우리에게 익숙한 오늘이 누군가를 아프게 할 미래가 될 수 있음을 명심해야 한다. 그래서 늘 옳은 선택을 해야 한다. 미투운동이 한창일 때, 앞으로 농담도 못 하고 살아야 하냐면서 걱정하는 사람들도 있는데, 누군가를 아프게 할 그런 농담을 살아생전에 안 하게 되어 참으로 다행이라 생각해야 마땅하다.

4

기술은 진보했지만 문화는 퇴행했다
_ 디지털 범죄에 죄의식이 없는 사람들에게

> 성인비디오 정도를 부모 몰래 보던 시절엔 '성에 대한 호기심'이란 말
> 로 적당히 넘어갈 수 있었지요. 돈을 주고 발품을 팔아야지만 접할 수
> 있는 포르노 잡지나 영상도, 배우가 연기했던 음란물이었죠. 이제는
> 요, 본인이 다 해요. 제작, 촬영, 연기, 그리고 교묘한 편집까지.

2008년도의 일이다. 옛날이라고 하기에는 뭐하지만 스마트폰도
없었고 '일베'도 '소라넷'도 낯설었던 시절이었다. 강남역 살인
사건이 벌어지기 한참 전이었던 만큼 서점에는 페미니즘 코너가
따로 있지도 않았다. 선거 포스터에서 '페미니스트 서울시장'이
란 글귀를 본다는 것은 상상조차 못 했던 시절이었으니 지금과

는 꽤 다른 시대였나보다.

여대에서 '성과 사회'라는 강의를 할 때였는데 한 학생이 수업용 인터넷 카페에 익명으로 고민을 남겼다. '남자친구가 이상한 사진을 찍으려고 하는데 어떻게 대처해야 하는지'가 그 내용이었다. 상대는 연애를 하는 사람들이 일반적으로 찍는 그런 수준의 사진 이상의 것을 요구하는 데 이런 애인을 계속 사귀어야 하느냐는 고민이었다.

음란사이트에 자기 사진이 떠돌아다닐 수 있다는 두려움을 강사에게까지 공유하는 이유는 단칼에 애인과 헤어지지 못하는 자신의 모습을 다른 여성들이 어떻게 생각하는지가 궁금해서였다. 수업시간에 이를 언급하니 여성들도 어정쩡한 반응을 보였다. 연인들끼리 신뢰가 있다면 충분히 요구할 수 있는 거 아니냐는 낭만적 의견에 나름의 공감대가 있을 정도였다. 당시에도, 아니 훨씬 전부터 여성들의 벗은 몸은 포르노로 소비되었지만 SNS, 디지털 장의사 등의 용어가 생소했던 만큼 '누구나 피해자가 될 수 있다'는 의식이 약했기 때문이었다. 사진 한 장이 급속도로 퍼져나가고 그 과정에서 온갖 더러운 수식어들이 덕지덕지 붙고, 그래서 이를 해결하려면 돈은 돈대로 들면서 마음은 처참히 무너질 수 있다는 걸 알고는 있어도 자신과는 무관하다고 여기는 경우가 많았다. 심지어 그런 짓거리를 하는 인간들은 한눈에 판별 가능한 쓰레기이기 때문에 애초에 사귀지 않으면 문제 될 것이 없다는 사람도 있었다.

그리고 12년이 지났다. 기계는 진보했고 '더러운 문화'는 진화했다. 스마트폰을 손에 쥔 남자들은 자기들끼리 모인 인터넷 공간에서 시시껄렁한 이야기를 더 과감하게 즐겼다. '탐지기에 걸리지 않는 몰카'가 등장하고, 쓰레기 행동을 하는 일부 남자들이 많아지면서 여성들은 모든 남성들을 의심할 수밖에 없었다. 정신 차린다고 안전이 보장되는 사회는 불가능해졌다. 구글 이미지에서 '길거리', '일반인'을 검색하면 자신은 찍힌 줄도 모르는 평범한 여성들의 사진이, 혹은 연인들끼리만 알고 있어야 할 수준의 사진이 즐비하다.

그래서일까? 한 여대에 특강을 가서 12년 전과 비슷한 질문을 받았는데 이렇게 말하니 모두가 박수를 쳤다.

"사랑하든 말든 그딴 사진 찍자고 하면 당장 헤어지세요."

립서비스가 아니다. 그동안 '사랑해서' 요구하는 줄 알고 순진하게 허락한 수많은 여성들이 얼마나 처참하게 당했는가. 그 결과 지금의 남성들은 과거보다 훨씬 어린 시절부터 '여성들의 몸'이 대범하게 유통되는 공간에 속수무책으로 노출되어 길들여졌다. 아무 생각 없이 여성을 몰래 찍고 공유하는 걸 인정 행위로 여기다 보니 엄마, 누나, 여동생까지 그 대상이 되기도 한다. 잘(?) 하면 상업적 이득까지 누릴 수 있다는 생각을 유년기 때부터 할 수 있는 세상에서, "사랑하니까 너의 몸을 찍고 싶어"라는 말은 성립할 수 없다. 디지털 자료는 개인의 각오로 보관할 수 있는 수준이 아니라는 게 만천하에 증명된 세상에서 "나만 볼 건데 왜 걱정이야"라는 말 자체가 우습다.

12년간 이 사회가 어느 쪽으로 진화했는지를 진중하게 생각한다면 최근 벌어지고 있는 여성들의 용기 있는 목소리를 함부로 해석해서는 안 된다. 진화하는 몰래카메라만큼 작금의 상황은 끔찍하다. 이 객관적인 공포에 일상적으로 노출된 이들이 주말마다 대규모 시위를 열어 거친 언어를 내뱉기도 하고, 심지어 상의를 탈의하기까지 한다.

눈살이 찌푸려지는가? 존엄한 인간으로서 평범하게 살 자유를 박탈당한 사람들의 목소리와 행동이 평범할 리 있겠는가.

5 ─────────────

N번방의 사회학
_ '그놈들은 괴물일 뿐이야'라는 사람들에게

> 1999년에 등장한, 온갖 나쁜 짓의 온상이었던 '소라넷' 사이트는
> 2015년이 되어서야 정치인의 관심을 받았고 다음 해에 폐지됩니
> 다. 17년이 걸렸죠. 운영자 한 명만이 4년 남짓 실형을 선고받았는
> 데, 놀라운 건 그게 나름 최고형이었다는 거죠.

대학에서 강의하면서 일관되게 진행한 실험이 있다. 특정 키워
드를 제시하고 떠오르는 생각들을 학생들이 작성하는 것이다.
내가 20년도 전에 사회학 강의를 들을 때, 20년 넘게 재직 중인
교수가 했던 방식이 오래 기억에 남아서다.

예를 들면, '동거'라는 단어를 던져주고 반응을 취합한다. 그리

고 본인이 20년 동안 분석한 경향성과 함께 설명한다. "20년 사이, '윤리'의 영역에서 해석되었던 동거가 '개인 자유'의 범주로 이동하고 있다"는 말과 함께 사회구조와 문화가 개인의 의식을 어떻게 형성하는지를 짚는 식이었다.

나는 2007년부터 다양한 생각들을 모았다. 내가 학생이었던 때와 확연히 달라진 분위기는 '결혼'이란 단어에서 적나라하게 드러난다. 지금은 '사랑의 완성' 따위의 뜨뜻미지근한 말은 등장하지 않는다. '시기상조'라는 표현도 약과다. '자살과 동의어' 등 시대성이 강한 대답들이 나온다.

'성공'이란 키워드를 제시한 적이 있었다. 돈과 명예 중에 어디에 방점이 찍히는지, 삶의 안정과 개인의 행복을 얼마나 중요시 여기는지를 파악하고자 했는데, 재미난 결과가 나왔다. 여성들은 예측대로 답을 했다. 과거처럼 '남편'을 언급하며 성공을 그려내지 않았고 어머니처럼 '희생'으로 자신의 삶이 무너지는 것을 용납하지 않았다. 그런데 최근에 조사한 일부 남성들의 답이 무척이나 이상했다. '벤츠에 여자 태우고 돌아다니는 것', '예쁜 여자 불러서 파티하며 술 마시는 것' 등의 표현이 불쑥불쑥 등장하는 게 아닌가.

건물주가 되어 백수건달로 지내고 싶다면 시대적인 의미라도 찾을 수 있는데, 도대체 이게 뭔가 싶었다. 1997년에는 이런 생각을 가졌어도 '입 밖'으로 내는 데 주저함이 있었다. 여성을 대하는 태도가 좋아서가 아니라, 그게 욕먹는 경계를 넘는다는 정도는 인지했기에 수면 아래에서만 맴돌았다는 말이다. 그런데 2010년을 넘어가면서 인터넷 댓글에서나 볼 수 있는 말들이 삐쭉삐쭉 고개를 내민다. 쿨의 미학, 병맛 문화, B급 정서 등의 언어로 무례함이 신선함으로 포장되면서, 빈정거림을 비판하면 '진지충'이라고 더 빈정거리기 시작했던 시기와 맞물려 있다. 시대가 개인의 일탈을 문화로 둔갑시켜버리니, 일시적으로 그치지 않았다. 해가 갈수록 수위는 거칠어졌고 당당해졌다.

'퇴보한 허세'다. 남자들의 허세야 하루 이틀의 모습은 아니다. 특히 강한 남성성을 보유하면 결혼이든, 가족부양이든 어떻게든 가능했던 시절의 남자들의 겉멋은 우습기 그지없다. 하지만 여성을 '성공하면' 얻어지는 보상으로 생각했지 여성 자체를 성공의 상징으로 여기진 않았다. 그만큼 여성을 하찮게 여겼다는 말이지만, 벤츠에 여자를 태우기 전에 '성공해서'라는 전제가 있었다.

그런데 현대사회에서는 과거처럼 목표를 달성하기가 요원해졌다. 성공에 이르는 기존 법칙은 시효가 만료되었다. 하지만 승자와 패자를 구분 짓고, 강자를 찬양하고 약자에게 빈정거리는 이분법적 평가방식은 그대로다. 그러니 젊은 세대들은 생애 과정 내내 인정받은 적이 없다.

9급 공무원 시험에 목숨을 거는 청년들이 많을수록 '무시당하면 죽음이다'라고 생각하는 괴기한 청년들도 늘어난다. 이 분위기에서 남자에게 여자가 내조해야 한다는 비상식적인 고정관념은 더 퇴보하여 여자를 자신의 존재를 증명하는 애완견 정도로 여기는 지경에 이른다. 혀를 내두를 정도의 데이트 폭력이 증가하는 이유다. 연인이 헤어지는 것은 언제라도 있었던 일인데, 이를 '받아들이는' 개인의 사고가 달라졌다. 집착했으니, 이별 통보를 용납할 수 없다.

퇴보한 허세 정도로 그치면 다행이겠지만, 다른 변수와 결합된 누구들은 여성을 유린하는 디지털의 공간에 다다른다. '포르노의 일상화'가 큰 원인이라는 것을 부정할 수 없다. 그만큼 '쉽게' 접한다. 과거처럼 어렵게 구한 비디오테이프를 부모 몰래 보려고 숨겼다가 보지도 못하고 발각될 일 자체가 없다. 그 수고가 처량해서 안 보고 마는 사람들은 요즘에 존재하지 않는다.

하지만 지금은 초등학생도 몇 번 검색해서 몇 번 클릭하면 다른 세계에 도달한다. 공기가 그렇다. 앞의 글에서도 언급했지만 다시 짚어보자. 구글에서 '일반인'을 검색하면 온통 특정 성별의 사람이 등장한다. '길거리'를 검색하면 길거리는 안 나오고 '몰래 찍힌' 여성들의 뒷모습뿐이다. 이런 것이 당연한 세상에서 성장해, 이십 대가 되면 거의 전문가 수준이 된다. 서버가 막히면 쉽게 우회한다. 음지의 문턱을 넘는 것은 요즘 남자들에게 어려운 일이 아니다.

그러나 N번방은 급이 다른 곳이다. 건달도 나름 해서는 안 될

짓이 있다면서 살아가듯이, 야동을 좋아한다고 그 방의 문턱을 자연스레 넘지는 않는다. 더 깊은 곳으로 가속페달을 밟게 한 연료를 찾는 것은 어렵지 않다. 이들은 '맞아 죽어도 싼 X'이라는 말에 너무 익숙하다. 개인에게 잘못이 있으면 다수의 린치가 정당한 것처럼 몸으로 배운 세대다. 어릴 때는 '왕따는 피해자에게도 책임이 있는 것'으로 배웠고, 커서는 '공부를 열심히 안 했으니 비정규직이 되었다'는 논리를 진리로 여기고 순응해야만 했다.

인생의 모든 업보는 개인 문제라는 시대의 정서 속에 여성들은 속수무책으로 찢긴다. '된장녀' 등의 두루뭉술한 말로 불특정 다수를 호명하는 수준이 아니다. '개똥녀, 루저녀' 등, 특정인이 조리돌림당하고 이들의 신상은 세월이 흘렀음에도 여전히 부유한다. '그래도 안 된다'라는 일종의 마지노선은 '이런 경우에 그래도 된다'는 여론에 처참하게 무너져버렸다. 그 결과 '까진 여자'라는 고정관념에 적합한 연예인을 집단 표적으로 만들어 '관종'이라면서 사람이 죽을 때까지 악플을 다는 걸 죄라고 생각하지 않는다. '리벤지 포르노'라니 말 다했다. 누군가 '미친 ~X'으로 규정되면 그때부터 '가해'는 '정의'라는 말로 둔갑되어버린다. 이때부터 이상한 정의구현을 하는 음지가 곧 양지가 된다.

일각에서는 현행 규범이 침투하지 못한 곳에서 벌어지는 무질서한 모습이라고 지적한다. 하지만 '그쪽'을 무질서로 너무 간편하게 규정하면 법을 지키고 살아가는 대다수 사람들과는 상관없는 영역이 되기에 그저 '엽기 사건'으로만 기억될 소지가 크다. 오히려 N번방 안에서는 굉장히 질서 정연한 흐름이 있었다는 점을 간과해서는 안 된다. 그곳에선 협상이 있었고, 돈이 거래되었으며, 소비자를 만족시키는 자가 철저한 자본주의의 법칙에 따라 많은 보상을 가져갔다. 자기들끼리 경쟁을 했고, 승자는 우쭐거렸으며, 패자는 말이 없었다. 누군가에게 그 방은 '열심히 살아도' 되는 것 하나 없는 혼돈의 지상세계보다 나름 정직한 법칙이 존재한다고 느껴졌을 것이다. 노력해도 월급 200만 원 벌기도 힘든 세상에서 '헤비' 업로더가 되면 보상이 생기는 구조가 나름 블루오션으로 여겨졌을지도 모른다. 개척자가 되는 순간, 죄책감 따윈 사라진다. 가해자가 그러지 않았는가. N번방을 브랜드로 만들고 싶었다고.

그렇다면 저 방의 질서는 누가 제공한 것일까? 독특한 발상과 과감한 결단으로 돈을 벌었다는 이야기가 시도 때도 없이 부유하는 우리네 모습과 N번방의 속성은 많이 다른가? 노동시장을 엉망으로 만들고, 약자의 돈을 빨대로 빨아먹어도, 시장에서 성공하면 신으로 대접받고 그들의 말은 경전이 되지 않았던가. 거짓 정보를 진짜처럼 뱉어내고 약자에 대한 차별과 혐오에 둔감해도 구독자 수만 많으면 무려 '크리에이터'가 되는 세상에서, N번방을 달나라에서 온 외계인이 저지른 일처럼 분리할 수는 없다. 독버섯은 땅 위에서 자란다.

6

아쉬운 페미니즘, 그래도 페미니즘

_조각을 보고 본질을 부정하려는 사람들에게

> 대학원 시절, 제가 보수 언론 신문을 배달한다고 비아냥거리던 사
> 람이 있었습니다. 그는 언론 개혁 활동가였죠. 가끔 운동에 심취해
> 현실감각을 잃어버린 사람들을 만납니다. 그 사람 때문에 언론 개
> 혁의 필요성을 부정해서는 안 되겠지요.

페미니즘 강연을 가면 '아주 가끔' 무례한 질문으로 내게 모욕감을 주는 여성을 만난다. 내가 불쾌감을 살짝 비치면, "그 불쾌감조차 남성이니 가능하다"는 식의 궤변만을 늘어놓는다. 그때 현장에 있던 기자가 이를 기사화하려고 했는데 극구 사양했다. 이걸 공개하고 언론에 제보한다고 세상이 좋은 방향으로 변할 것

처럼 보이지 않았다. "페미니즘의 후안무치", 이런 타이틀로 수백 개 기사가 복제될 것이 분명했는데, 알면서도 불씨를 제공할 순 없었다. '해프닝'으로 넘기기로 했다. 잘한 일이라고 생각한다. 그렇게 믿고 싶다.

페미니즘을 글의 소재로 다루면서 남성과 여성에게 동시에 욕을 먹었다. 전자가 압도적인 빈도이지만, 후자를 만날 때 더 당혹스럽다. 이 분야를 접하는 남성의 욕이야 패턴이 딱 정해져 있어서 오히려 '좋은' 질의응답의 소재가 되기도 한다. 내게는 모범 답안이 있기 때문이다. 하지만 여성들이 논쟁의 영역을 벗어나 전투 태세를 갖춰, 전쟁을 하겠다면서 다가오면 내가 할 수 있는 것은 아무것도 없다. 어떤 해명을 하더라도 '남성 페미니스트의 한계'라는 주장만을 반복한다. 그러는 맥락은 이해하지만 속상하다.

아군과 적군을 식별하지 못하고 빈정대는 사람을 보면 회의감이 든다. 사회구조를 거시적으로 분석할 때 필요한 연장과 이를 일상에 미시적으로 적용할 때 적합한 도구를 구분할 줄 모르는 이들의 칼부림은 전혀 생산적이지도, 전략적이지도 않다. 그저, 사람을 바보로 만들어 자기편끼리 웃고 떠들고 힐난하는 그릇된 습관의 반복이자 '나쁜' 운동이라는 오명을 얻을 지름길일 뿐이다. 세상의 판을 깨트릴 최종 목표까지 그 거리가 멀어지는 패착임은 두말하면 잔소리다. 트랜스젠더 여성의 여대 입학을 반대한다는 성명서는 공든 탑이 무너질 만한 사건이었다.

스티븐 스필버그Steven Spielberg가 감독한 영화 〈스파이 브릿지 Bridge of Spies〉의 한 장면이다. 냉전시대에 소련 스파이를 변호하는 제임스 도노반(톰 행크스Tom Hanks 분)에게 CIA 요원은 정보를 요구한다. 변호사는 규정보다 국가안보가 중요하다는 요원에게 말한다.

　"당신은 독일 출신이고 나는 아일랜드 출신이다. 무엇이 우리 둘을 '미국인'으로 만들었을까? 단 하나다. 규정집. 이걸 '헌법'이라고 하지. 그러니 규정 따위 없다고 건방 떨지 마!"

　헌법에 따라 대한민국 국민은 성별, 종교, 사회적 신분에 상관없이 '능력에 따라 균등하게 교육받을 권리'를 지닌다. 이는 내가 싫어하는 성별을, 괴상한 종교에 심취한 광신도를, 자신을 귀족이라 생각하는 꼴불견 인간을 같은 강의실에서 마주한다고 해도 개인이 할 수 있는 일은 푸념밖에 없다는 뜻이기도 하다. 그 인간이 공공선을 위태롭게 할 가능성이 있다는 편견으로 차별이 정당화될 순 없다. 트랜스젠더 여성이 총학생회 선거에 나가 "내가 ○○여대의 후예다!"라고 외치기라도 했다면 작금의 논쟁을 약간이라도 이해하겠지만 공간에 발을 딛지도 못하게 막는 것은 자유도, 권리도 아니다. 생물학적 여성만큼 피해의 총량을 지니지도 못했고, 게다가 코르셋 문화마저 수용하기에 '그래서' 싫어할 순 있겠으나 '그렇다고' 규정집에 천명된 내용을 어길 순 없다. "인간이 비둘기가 어찌 되냐" 등의 F학점 논리가 여기저기 등장하지만 설사 A학점 수준이라도 그렇게는 못 한다.

원인이 있을 게다. '래디컬'이란 이름으로 사람을 솎아내려는 이들이 특명을 받고 침투한 외계인은 아니기에 이 현상에 배인 사회의 결을 찾는 일은 중요하다. 넓게는 괴상한 기준으로 구역을 나눠 사람을 선별하려는 한국사회의 모습과 닮았다. 성과의 총량으로 사람의 목숨조차 구분하는 게 버릇이 된 사회에서 고통의 총량에 따라 진짜 인간, 가짜 인간 판단하는 게 낯설어 보이진 않는다. 자신들의 기준에서 '자격 결핍'인 누군가를 찾아, 몇 가지 엉터리 사례를 덧붙여 공공의 적으로 만드는 시대 정서가 어찌 사람을 가려 부유했겠는가.

좁게는 여성'만'이라는 서사를 지닌 페미니즘 담론이 약간은 잘못 전개된 측면을 따져야 한다. 가슴 아프지만 회피할 순 없다. 역사와 문화를 거시적인 차원에서 남자와 여자로 구분하여 지배와 피지배 개념으로 설명하는 것은 타당하다. 하지만 현재에 적용할 때는 정교해야 한다.

성평등 강연을 다니다 보면 자신을 페미니스트라고 소개하면서 무례한 말을 늘어놓는 여성을 만난다. 논리가 얼마나 부실하냐면, "남자가 왜 여성의 고충을 감히 말하는가!"라는 내용뿐이다. 가부장제 역사에서 남성의 입으로 표현된 제한적인 여성의 모습을 마주했을 때 쏟아야 할 정당한 분노를, 일상에서 아군과 적군조차 식별하지 못하는 연료로 태워버리면 불평등의 두께가 쉽사리 깨지겠는가.

여자'만'이라는 담론은 사람을 결집시키는 데도 유용하지만 갈라버리는 동력도 되기에 응용의 신중함이 필요하다. 몇 년 사이 페미니즘 담론이 폭발하면서 이를 정제할 시간이 부족했던 측면이 분명히 있다.

트랜스젠더와 시험 중 커닝의 상관관계가 밝혀진다면 그때 싫어해라. 트랜스젠더가 조별 모임에서 '더' 무임승차한다는 유의미한 패턴이 확인되면 그때 싫어해라. 트랜스젠더와 도서 연체의 인과성이 뚜렷하게 증명되어 타인의 리포트 점수를 망쳤다면 그때 싫어해라. 트랜스젠더는 빈대 붙어 밥 먹으려는 본성이 있다는 가설이 증명된다면 그때 싫어해라. 제발, 적당히 싫어해라.

하지만 어처구니없다고 페미니즘이 부정될 수는 없다. 페미니즘 안의 여러 갈래들은 '목적지'도 다르고, 운동의 '전략'도, 투쟁의 '수위'도 다양하다. 좋은 것도 엉망인 것도 공존한다. 페미니즘이 '전개되는' 방식이 언제나 옳을 리 만무하다. 오합지졸 집단도 있고, 격한 감정을 정제하지 못해 아군을 도리어 적으로 만들어버리는 전략을 사용하면서도 성찰하지 못하는 무리도 있다. 그러고도 페미니즘으로 자신을 포장하여 무식함을 은폐하는 게으른 이들도 있다.

놀랄 일일까? 모든 사회운동이 그렇다. 어디에나 논쟁적인 '결'들이 존재한다. 하지만 그것과 운동 자체가 부정되는 것은 층위가 다른 문제다. 민주화도, 경제개혁도, 심지어 환경운동 내부에도 오히려 전체의 동력을 급격히 상실시키는 결들이 존재한다. 가끔 답답하고 한심한 주장들도 많지만 어쩌겠는가, 사람이 둘 이상 뭉치면 공이 저리 튀고 이리 튀는 게 정상인데. 그러니 조각을 보고 "저게 페미니즘의 본질"이라고 북 치고 장구 쳐서는 안 된다. 인류의 어떤 사회운동에서도 등장하는 파편들에, 더 특별히 반응한다면 그야말로 고정관념 아닌가. 페미니즘 운동의 '사례'를 페미니즘을 부정해야 하는 절대적 이유로 삼는 이유는 단 하나다. 그냥, 원래부터 페미니즘을 싫어해서다. 이들은 '페미니즘이 변질된 사례'만을 찾기 바쁘다. 보수 언론에서 '진보의 이중성'이라는 기사가 넘치는 나라답다.

　모든 운동은 투쟁과 논쟁의 영역을 구분하는 지혜, 문화 비판과 제도 개선의 속도 차이를 조율하는 치밀함 없이 성과를 낼 수 없다. 전복을 꾀했던 혁명조차 협상과 전략 없이 성공한 적이 있었던가. 페미니즘 '때문에' 이런 일이 벌어졌다고 주장하는 것은 하이에나 습성이겠지만, 페미니즘이 전개된 방식에서 '일말의' 원인이 제공된 측면을 따지는 것을 회피해서도 안 된다. 반성할 것은 반성하고 다시 뚜벅뚜벅 좋은 세상을 향해 걸어가면 된다.

5부

무례함은 생각하기
나름이 아니다

1

'그럴 때'가 사라진 시대
_퇴짜를 무례하게 하는 사람들에게

시간강사 생활을 하면서 가장 황당했던 게 "MT에 참여하라"는 말

이었죠. 안 간다니까 교수에게 이런 소릴 들었죠. "원래 강사를 할

때는 학과 일에 앞장서고 그러는 거야." 아직도 학문공동체에 충성

하면 적당한 보상이 주어지는 시절인 줄 아나봅니다.

대학 강의를 하면서 잘했다고 자부하는 게 하나 있다. 오직 과제
와 시험만으로 평가했던 것이다. 대학의 평가는 강사 재량이 넓
은 편이라 '수업 태도'와 같은 모호한 항목이 반영되기도 하고
'조별 모임 참여의 적극성'을 기어코 숫자로 변환시키는 경우도
있다. 출석도 성실의 지표라면서 결석이나 지각 횟수에 따라 1점

이라도 다르게 반영하기도 한다. 하지만 나는 하지 않았다.

태도, 중요하다. 초롱초롱한 눈빛, 흐트러지지 않는 자세, 예의 바른 말투, 맥락을 놓치지 않는 좋은 질문 등등, 뭐 인상 깊을 것이다. 결석하지도 않는다면 기억에 남는다. 하지만 그렇지 않은 경우와 점수의 차이를 둘 순 없었다. 아무리 생각해도 '최선을 다하는 모습'을 모든 학생에게 의무적으로 요구할 수 없었기 때문이다.

요즘 세대에게 열정 따위는 찾아볼 수 없다는 말을 하려는 게 아니다. 현대사회에서는 '약속된 시간'이 사라졌다는 것을 이해해야 한다. 사람들은 더는 같은 시간을 공유하지 않는다. 생애 과정을 일반화시킨다는 것은 불가능해졌다. 어릴 때는 놀고, 학교 다닐 때는 공부하고, 취업해서 사회 생활하다가 결혼하고, 아이를 낳고, 내 집 장만하는 삶의 여정은 더는 보편적이지 않다.

미래가 불안하니 현재의 시간은 다사다난해진다. 대학을 그만 두어야 하나, 편입을 해야 하나, 토익 점수는 왜 이 모양인가, 면접 준비는 어떻게 하나, 어차피 공무원만이 살 길이면 지금 이러고 있을 때인가, 내가 지금 연애할 때인가 등등의 고민이 넘쳐날 수밖에 없다.

누군가가 수업 때마다 집중력을 잃지 않는다면, 그건 운이 좋은 사례다. 한 번도 결석하지 않았다는 것은, 결석할 일이 없었다는 사실 그 이상도 이하도 아닌 것에 불과하다. 이를 '모범적인'

모습으로 인정하면서 반대편을 집중력이 저하되었다. 학생의 도리가 아니다 등으로 해석할 수는 없다. 중년들도 공인중개소 앞을 지나가다가 벽에 붙은 아파트 가격을 보고 입이 쩍 벌어지고 하루 종일 잡생각이 떠나질 않는데, 학생들은 오죽할까? 영혼 없이 수업을 듣는 것은 개인의 잘못이 아니다. 다른 생각들을 멈출 수 없게 만드는 이 미친 사회에 책임이 있는 것이지.

나는 내 기준이 도덕이 되는 것을 경계했다. 학생들이 고진감래, 살신성인 등의 말에 스스로를 자책하지 않도록 나름 노력했다. 쉽게 말해, 억지로 버티지 말라고 했다. 누구도 불이익은 없었다. 운이 좋아 수업을 잘 듣던 학생은 성적이 좋았고, 그렇지 않으면 딱 그만큼의 점수만을 받았을 뿐이다. 자신도 모르게 찾아온 인생의 소용돌이가 단지 기성세대의 눈에 이상하게 보였다는 이유만으로 감점 사유가 되어서는 안 되니까.

이제 '그럴 때'라는 말은 사라졌다. 공부할 때, 돈 벌 때, 결혼할 때, 후배답게 굴어야 할 때, 선배답게 행동할 때, 앞만 보고 달려야 할 때, 지금은 집중할 때, 인생을 이 조직에 걸어야 할 때, 어떻게든 버텨야 할 때 등등. 이는 과거에 통용된 약속의 때에 불과하다. 그러니 누구도 사람의 현재 모습을 함부로 해석해서는 안 된다.

직장에서도 마찬가지다. 사십 대가 넘어가면 퇴사에 큰 의미를 부여하지 않는 밀레니얼 세대와 마주하며 살 것이다. 회사에 부여하는 의미가 완전히 다른 사람과 소통하는 일은 쉽지 않다. 특히, 거절을 해야 하는 사람이라면, 그러니까 퇴짜 놓을 위치에 있다면 매일이 짜증의 연속일 것이다. '쟤들이 무슨 생각을 하며 사는지 도무지 알 수가 없다'면서 답답하지 않겠는가. 하지만 무슨 생각을 하는지 알 수 없으니, 그들을 대할 때에도 접근을 좀 달리 해야 한다.

　과거의 기준으로 현재를 평가하면, 상대를 편견 속에서 바라보게 된다. 자신의 엄격함으로 타인의 지금을 '가벼운' 상황으로 재단하면, 퇴짜는 매우 무례해질 것이다. 밀레니얼 세대는 따뜻한 말을 원하지 않는다. 자신의 처지를 '아무것도 모르면서' 뱉는 누군가의 차가운 말이 싫을 뿐이다. 괜한 말들이 섞이지 않는 무미건조한 거절, 딱 그것만 하면 된다. 그게 존중이다.

2

당신은 '꼰대'인가, 아닌가

_ 자존감이 높아서 타인을 괴롭히는 사람들에게

> 사회구조를 보자는 작가도 대중의 반응에 심취하다 보면 결국엔
> 자기계발 전도사가 됩니다. 구조를 보는 사람이, 자신에게 다가
> 온 타인의 호의를 평균적 인간에게 벌어지는 일처럼 둔갑시켜 '세
> 상은 우연이 만들어간다'면서 대중에게 주술을 걸지요. 그런데 잘
> 먹혀요.

"어떻게 해야 꼰대가 되지 않을까요?"

강연을 가면 자주 듣는 말이다. 나는 《하나도 괜찮지 않습니
다》(블랙피쉬, 2018)에서 낡은 패러다임에 갇혀 변화를 수용하지 않
는 늙은 꼰대와 자유로움에 취해 의미 있는 조언조차 무시하는

젊은 꼰대를 함께 다룬 바 있는데, 인권감수성이 높아진 사회의 공기를 의식해서인지 자신이 가해자일 수 있음을 걱정하는 경우가 많아졌다.

나라고 예외일 수 없으니 꼰대가 되지 않는 법을 어찌 말하겠는가. 하지만 우리가 상처를 받거나 주는 경우를 모으면 어떤 사람이 이상한지는 어렴풋이 그릴 수 있다.

꼰대란 극도의 자기중심성을 일관되게 유지하는 사람이다. 최근에 막무가내로 나답게만 살라는 식의 가치관이 자존감을 지키는 법이랍시고 포장되어 있는 경우가 허다한데, 여기에 도취된 사람들을 떠올리면 된다. 이해관계로 얽히고설킨 정글 같은 경쟁사회에서 타인의 시선에 구속받지 않고 '나'를 오롯이 존중한다면 문제될 것이 없으나, 솔직히 그런 성인이 몇이나 되겠는가. 오히려 자신의 장점을 지나치게 포장하여 다른 단점을 보지 못하는 외골수, 그래서 주변의 합당한 비판을 비난으로 이해하여 날이 선 대응으로 인간관계의 무리수를 두는 사람이 훨씬 많다. 외부와의 생산적 교류를 단칼에 끊어버리는 사람은 자기 생각과 비슷한 무리들만을 만나 그릇된 신념을 견고한 양심으로 만들어 행동한다. 당연히, 타인에게 불편을 끼치는 것조차 모른다.

이들은 거시와 미시 사이의 균형 감각이 없다. 거시는 역사와 문화라는 사회구조를 뜻하며 미시는 그 울타리에 오랫동안 노출되어 특정한 가치에 길들여져 살아가는 보통사람들의 평범한 일상을 말한다. 아무리 사소한 생활습관도 사회의 물줄기와 동떨어져 있지 않은데, 이 관계를 부정하는 사람들이 있다. 이들은 주로 '보수 꼰대'라고 불린다. 살다 보니 권력을 행사하는 위치에 있게 된 사람들이 자신의 특권을 자연적 질서로 이해하면서 불평등을 부정한다. 이런 부모, 교사, 선배나 상사들 때문에 많은 이들이 힘들어한다.

하지만 거시에만 몰두하여 일상적으로 풀어나가야 할 수순을 깡그리 무시하는 '진보 꼰대'들도 주변인들을 괴롭힌다. 이들은 일상 생활 속에 등장하는 해프닝조차 구조악의 표출이라면서 폭력, 권력, 기득권 등의 무서운 단어를 오용하여 상대를 공격하고 발가벗긴다. 이들에게 실망한 평범한 부모, 교사, 선배나 상사들은 상처를 얻고 회복하지 못하며 살아간다.

또한 꼰대는 점과 선으로 이루어진 인간관계를 제대로 응용하지 못한다. 점의 관계는 느리다. 의사전달이 우회적이기 때문이다. 눈치를 보는 게 아니라, 개인들의 다채로운 상황을 존중하기 때문이다. 하지만 선의 관계는 단호하다. 메시지가 파이프에 연결된 물처럼 일사천리로 타인에게 전달된다. 타인의 입장을 배려하지 않아서가 아니라, 구체적인 폭력을 없애고 적폐를 도려내기 위해서는 강한 다짐과 뒤돌아보지 않는 빠른 실천이 필요하기 때문이다. 점으로 연결될 수밖에 없는 관계에 무작정 선을 들이대면 당혹스럽다. 누구나 상처가 있기에 누구의 상처도 조심스럽게 다뤄야 하는 신중함을 무시하고 자신의 목표만이 가시화되길 바라는 사람들이 그렇다. 반대로 선의 관계가 필요할 때 점의 모호함을 버리지 못하면 문제의 본질이 덮어진다. 반드시 가해자를 가려내고 재발을 방지해야 하는 순간에, 살다 보면 그럴 수 있는 것 아니냐면서 주변 사정을 다 고려해야 한다는 경우를 떠올려보면 된다.

애석하게도 우리들은 꼰대에 저항하면서도, 다른 영역에서 자신이 꼰대임을 쉽게 잊는다. 자신의 장점에 심취하여 단점을 망각하면 관계의 균형감각을 잃어버린다. 하지만 자신이 꼰대가 아닐 것이라는 지나친 확신보다 꼰대일 수 있다는 자책을 성찰로 발전시켜 나갈 때 주변 사람들의 불편이 줄어들지 않겠는가.

3

'9월 신학기제'라는 황당한 담론

_고통의 크기가 동일한 줄 아는 사람들에게

> 대학생 중에는 힘들어서 휴학을 하는 사람도 있고 힘들어서 무조건 제때 졸업해야 하는 사람도 있습니다. 세상에는 쉬어갈 수 있는 사람, 쉬면 다시는 원래의 길로 돌아오지 못하는 사람들이 함께 살아갑니다. 자신의 경험을 보편이라고 착각하면 안 되겠지요.

코로나19 사태로 개학과 등교가 우여곡절을 겪었다. 우려 속에 강행하는 이유가 '입시' 때문이라는 게 참으로 씁쓸하지만 교육부의 입장도 이해된다. 밑도 끝도 없이 "교육이 썩었다"는 말만 하는 사람들은 입시가 좀 어그러지는 게 무슨 대수냐면서 싹 다 바꾸자고 하지만, 우리는 그게 어그러지면 모든 게 엉망진창이 되도록 세팅된 안타까운 사회에서 살고 있다.

시험 점수에 목숨 건 만큼 진학의 가치가 달라지고 이 결과가 인간의 생애 전체를 관통한다는 것은 괴기스러운 현실이지만, 소소한 개인들은 일방적인 룰로 가득한 공간에서 단지 버티면서 오늘을 살며 내일을 기대할 뿐이다. 이들이 '기존의 그릇된 현실을 개혁'한다는 명분으로 희생양이 되어서는 안 된다. 사회를 바꾸는 것은 장기 호흡이다. 개혁의 이유가 납득되어야 하고 변화의 강도와 속도가 합의되어야 하다. 그렇지 않은 설레발은 높은 분들에겐 과감한 실험이자 행정력을 키울 경험이고, 한편으론 주목받기 위한 정치적 행보겠으나, 실험실의 쥐가 된 사람들에겐 삶이 뒤틀리는 악몽에 불과하다.

개학이 연기되는 초유의 사태가 발생했던 2020년 봄, '9월 신학기제'라는 황당한 담론이 불쑥 등장했다. 다른 유행병이 창궐할 때마다 신학기가 달라질 수 없으니 논의 대상도 아니다. 3월 개학으로 사회가 혼란에 빠진 적이 없었으니, 유학 갈 때 해외와 학제가 달라 고생 어쩌고 하는 말은 '저 사람들 또 저러네'라고 애써 웃어넘길 수 있다. 하지만 모든 사람들이 자신처럼 여유로울 수 있다고 착각하는 것은 자랑이 아니다.

오랫동안 고정된 시간대에 따라 살던 사람의 생애가 갑자기 6개월 '뒤로' 밀리면 일부는 인생을 회복할 수 없을 정도로 치명타를 입게 된다. 약속된 시간에 맞춰 제때 독립해야 할 사람의 홀로서기가 늦어지면 얽혀 있는 여럿이 무너진다. 2020년에 대학에 입학해 2025년에는 집에서 독립을 해야만 했던 누군가의 시간이 강제적으로 지체되면, 그 6개월간 늘어난 가계의 빚 때문에 평생이 뒤틀어질 수 있다. 2021년 2월에 고등학교를 졸업할 사람이 연장된 6개월 사이에 겪는 일들이 언제나 무탈할 리 없다. 졸업자 신분이었다면 이겨낼 수 있는 상황이, 학생이기에 전혀 다르게 해석될 수 있다. 생각했던 전공을 바꾸기도, 대학 자체를 포기할 수도 있다. '원래라면 졸업했어야 할' 사람이 집안 걱정에 인생에 한 번 올까 말까 하는 기회를 포기할지 누가 알겠는가.

어떻게든 아이들이 고등학교를 졸업할 때까지는 책임지기 위해, 대학교 4년은 지원하기 위해 온몸을 바쳐 희생하는 사람들이 있다. 학원비와 등록금을 마련하기 위해 밤에도 물류센터에서 일하며 버텼는데, 추가된 6개월 때문에 산재사고를 겪거나 전염병에 걸릴 확률이 높아진다면 이 빌어먹을 운명은 누가 책임지겠는가.

무례한 신학기제 논의는 경제가 바닥을 치는 혼란스러움 속에 등장했으니 기가 찬다. 이미 '약속된' 시간도 보장해줄 수 없는 상황인데, 엎친 데 덮치자는 발상이다. 자신의 눈에 잘 보이지 않는다고 세상의 평균치를 멋대로 상향 조정해서는 안 된다. '내일을 위해 오늘을 포기하자'는 것은 오늘만 살아내야 하는 사람들에겐 죽으라는 말과 다름없다.

4

도서관이 되어버린 서점

_책을 왜 사냐는 사람들에게

> 서점에서 책을 쌓아놓고 구겨가며 읽어도 작가와 출판사에는 1원의 보상도 없습니다. 심지어 '누가 읽은' 새 책은 반품됩니다. 사람들은 책값이 비싸다고 하지만 틀렸습니다. 달라진 것은, 책을 사면 손해본다는 괴상한 느낌이 등장했다는 것이지요.

강의에서 학생들과 현장으로 가서 비판적 시선으로 사회의 여러 면들을 살펴보는 관찰 실습을 하는 시간이 있었다. 백화점, 병원, 서점, 지하철 등을 돌아다니며 공간과 사람의 관계가 어떻게 얽혀 있는지 고민하면서 자본주의의 공기를 몸으로 느껴보는 취지였는데, 서울의 복판에서 8,598제곱미터(2,600평)의 넓이를 자랑하는 '○○문고 광화문점'을 방문한 것은 여러모로 흥미로웠다.

사람들은 서점에 대해 막연히 좋은 쪽으로 생각한다. 돈의 법칙이 지배하는 추잡한 공간은 아닐 거라고 믿는 구석이 있는데 그럴 리가 있겠는가. 끌리는 대로 책을 집어드는 자신의 모습이 꽤 아름답기도 하고 지혜롭게도 보여 후한 점수를 주고 싶겠으나, 그 책이 놓인 작은 공간을 출판사에서 서점에 돈을 주고 임대한 사실을 알면 당황스러울 것이다. 출입문 앞에 크리스마스트리처럼 쌓여 있는 책을 보며 한국인이 가장 사랑하는 작가를 왜 여태 몰랐을까 하는 멋쩍음도 노른자 공간을 독점하기 위해 상당한 광고비가 오간 현실 앞에선 씁쓸함으로 변한다.

책이 팔려야 서점이 돈을 버니, 팔리는 책을 한 권이라도 더 팔려고 안간힘을 쓴 흔적도 곳곳에서 발견된다. 소문 좀 났다는 책은 공간 점유율이 높아서, 10미터 뒤에서 봤던 책이 여지없이 등장한다. 고개를 돌려도 있고 코너를 돌아도 만남이 성사된다. 학생들과 조사할 때, 곰돌이 푸 그림이 표지인 어떤 책은 서점 한 바퀴를 돌면서 무려 열일곱 번이나 마주쳐서 놀란 적이 있다. 베스트셀러라서 그런 건지, 그래서 베스트셀러가 된 건지 모를 일이지만, 중요한 건 모든 책들이 그런 기회를 얻지 않는다는 사실 아니겠는가. 서점 안의 공간은 이처럼 철저히 자본의 논리에 따라 차등적으로, 생각하기에 따라서는 차별적으로 분배되어 있다.

서점에서 책이 천대받는 사실도 흥미롭다. 이 서점은 몇 년 전에 대대적인 리모델링 후 재개관을 하면서 '오고 싶고 머물고 싶은 서점'을 모토로 변신했다. 이때, 100명이 동시에 앉을 수 있는 대형 책상이 주목받았다. 손님들이 누구의 눈치도 보지 않고 자유롭게 독서하게 되면 책에 대한 관심이 높아져 장기적으로는 도서 판매가 증가한다는 취지와 포부는 어떤 결과로 이어졌을까? 관찰을 마친 학생이 느낀 점을 한 문장으로 요약했다.

"여기서 책 사는 사람은 바보죠."

인터넷으로 구입하면 더 저렴하다는 말이 아니다. 그곳은 서점이 아니라 도서관이었다. 아니, 도서관보다 훨씬 무례한 사람이 많다. 모두가 새 책을 헌 책처럼 대한다. 모두가 아직 주인을 만나지 않은 책을 자기 것처럼 대한다. 애장품처럼 취급하면 다행이지만, 매우 하찮게 다룬다. 표지가 구겨지든 말든, 페이지가 접히든 말든, 자신이 먹던 과자 부스러기가 떨어지든 말든 아랑곳하지 않았다. 여러 권을 쌓아두고 포스트잇을 붙여가며 노트북으로 신나게 옮겨 적는 사람, 펼친 책 가운데에 머리를 박고 자는 사람, 책을 엎어놓고 어디론가 사라진 사람, 그리고 본 책을 슬쩍 아무 데나 밀어놓고 유유자적 사라지는 사람들에게 돌고 돈 책은 거적때기가 되어 있다. 그러면 누군가는 지저분한 책은 보기 싫다면서 옆에 있는 새 책을 집어 힘껏 펼친다. 이렇게 출판사로 반품될 책만 쌓여간다.

사람들은 이제 책을 '사러'가 아니라 '보러' 서점에 간다. 섭

게 볼 수 있는 책을 돈을 내며 사는 것은 손해라 여겨진다. 덩달아 책 구입에 신중해진다. 한 번 읽고는 좀처럼 다시 펼치지 않을 책, 가방에 넣고 다니며 언제든지 꺼내 읽기에는 가독성이 부담스러운 책들이 굳이 구매할 필요 없는 책들이 된다.

대학에서 도서 토론을 시켰더니 한 명이 대표로 서점에 가서 책 전체를 촬영해 공유하는 모습을 보고 충격을 받은 적이 있었다. 단지 한 개인의 일탈일까? '다들 그러는데 무슨 잘못이냐'는 시대의 공기가 강렬했기 때문 아니겠는가.

그런데 서점은 왜 책의 가치를 떨어트리는 마케팅을 하는 것일까. 서점은 이제 어떤 방법으로도 사람들이 책을 과거처럼 구매하지 않는 것을 안다. 그러니 책을 읽을 자유로 사람들을 유인해 다른 것을 사게끔 유도한다. 서점에 문구류만 아니라 각종 완구, 전자기기 등 온갖 것이 다 있는 이유다. 음료와 쿠키를 팔지 않는 서점은 이제 낯설다. "구입하지 않은 도서는 읽지 말아 주세요"라는 부탁이 여기저기서 보이는데, 커피 한 잔 값에 새 책을 마음껏 구겨가며 읽을 권리가 포함되었다고 생각하는 사람이 꽤 있다는 말이다.

서점이 감성과 낭만의 공간으로만 포장될수록 작가와 출판 노동자에게 돌아갈 정당한 보상은 보잘 것 없는 수준이 되어버린다. 하지만 서점은 그런 것까지 신경 쓰지 않는다. 안 팔릴 책을 치워버리고 팔릴 책을 더 전시해서 손실을 만회한다. 인기 없는 분야를 통째로 없애버린 공간에는 고급 소파를 두어 사람들을 유혹한다. 누군가가 안락함을 느껴가며 새 책을 마음껏 읽어갈 때, 그런 모험을 단행할 공간이 없는 동네서점은 변화에 둔감하다는 시장의 평가와 함께 망!했!다!

5

〈기생충〉과 고통 배틀

_가난을 '퉁'쳐서 이해하려는 사람들에게

> 방송에 나가면, 평소와는 다른 강연 요청을 받습니다. '어쩌다 어
> 른 출연', '차이나는 클라스 강연' 등의 수식어를 단 연사가 필요한
> 행사들이죠. 희망적인 이야기를 30분 하는 데 강연료 500만 원인
> 경우도 있었죠. 자기계발 분야의 인기강사가 될 기회였지만 다 거
> 절했습니다.

기억이 희미한 이름의 발신자로부터 전화가 왔다. 15년 동안 휴
대폰에 저장만 되어 있었지 안부도 몰랐던 그는 내가 고시원에
살 때 옆 방에 살았던 사람이었다. 창문 없는 지하, 방 가운데서
양팔을 벌리면 손끝에 벽이 닿는 공간을 마주하며 살았던 우리

는 내가 바퀴벌레 살충제를 빌려주면서 잠시나마 친밀했었다.

그는 영화 〈기생충〉을 보고 옛날 생각에 사무쳤단다. 우리는 장마철에 하수구가 역류하면 지하로 똥물이 뚝뚝 떨어졌을 때의 참담함과 그걸 욕하면서 아껴두었던 컵라면을 안주 삼아 소주를 마셨던 애처로움을 떠올리며 근황을 주고받았다.

그 시절의 나는 바닥에서 버티기 위해 바닥 이야기를 자주 했다. 사람이 자신의 고충을 외부에 알리는 건 사회가 좋아지기 위해 당연한 것이지만, 나는 비슷한 환경에서 살아가는 무리들 앞에서만 한숨의 강도를 높였다. 누가 하숙집 월세 내기가 버겁다고 하면, 혹은 누가 춥고 더운 옥탑방의 고충을 꺼내면 나는 이렇게 말했다.

"끝판왕은 창문 없는 지하 고시원 방 아니겠어?"

특히 그 작은 방에 얼마나 많은 짐이 수납될 수 있는지를 오랜 경험을 바탕으로 차근차근 설명할 때 상대방이 짓는 표정들이 압권이었다. 누가 애처로움을 표출하면, 나는 극한 상황을 더 안쓰럽게 포장했다. '내가 더 힘들다! 너는 이런 삶을 모르지?'라는 분위기를 풍길수록 주변이 입을 다무는 묘한 상황을 잘 알고 있었기 때문이었다.

다행히 빨리 부끄러움을 느낄 수 있었다. 신문 배달을 한창 할 때, 열아홉 살 동료가 있었다. 역시나 고시원에 사는 그에게 나는 위로는커녕 격려를 가장한 무용담을 늘어놓기 바빴다. 도시

락 가게에서 제일 싼 반찬 하나를 사서 고시원에서 제공하는 밥으로 두 끼를 먹는다. 남은 라면 국물을 얼려놓으면 한 끼 해결이 가능하다는 등의 밑바닥 인생 자랑하기는 그 친구의 한마디로 제동이 걸렸다.

"반찬이 없어서요. 저는 그냥 밥을 간장에만 비벼 먹어요."

진짜 가난이 묻혀버리는 시대다. 가짜 가난이 있다는 말이 아니다. 각자의 고통은 중요하다. 한 대라도 맞으면 아픈 거지, 두 대 맞은 사람 옆에 있다고 참을 이유는 없다. 하지만 오늘날 너도 나도 분출하는 '괴로웠던 지난날'은 가난의 사회구조적 문제를 짚어내는 동력으로 이어지지 않는다.

아무리 분투해도 삶이 달라지지 않는 사람들이 훨씬 많아졌지만 여전히 불굴의 인생 역전 이야기가 부유하는 세상이다. 이때 극복기를 작성하는 게 불가능한 사람들은 내가 누구도 상상할 수 없는 지옥에 있었다는 포석을 까는 것이 그나마 절망의 수위를 낮추는 데 도움이 된다. 자신이 맞은 한 대가 강편치였음을 집요하게 설명하는 사람들이 많아진 이유다. 모두가 힘든 사회에서 '더' 힘든 고지를 선점하려는 역설이다.

그래서 간장만이 유일한 반찬인 사람이 목에 힘주고 떳떳하게 살 수만 있다면 다행이다. 실제는 두 대, 아니 열 대를 맞은 사람들이 자신이 얼마나 특별한 상황인지를 모르고 그저 "요즘 사람들 다 힘든데 나만 유난 떨 수 없잖아"라면서 공손하기까지 하다.

"너만 힘든 줄 아냐"는 주변의 빈정거림에 몇 차례 머쓱해진 상황을 경험한 자기 검열이다. 겸손의 끝에 열매가 맺어질 가능성도 매우 낮다. 한 대만 맞은 사람이 마치 모두가 같은 구렁텅이에 있었던 것처럼 '그 시절'을 운운할수록 '그런 삶이 영속적인' 사람들은 더 비난받을 것이고 스스로에 대한 기대치를 낮출 것이다.

사람들은 떠올리기 싫어하는 기억을, 떠올리지 않으면 될 텐데 더 자주 입 밖에 내뱉는다. 강자가 될 수 없는 빌어먹을 양극화 시대를 버텨나가기 위한 안전장치가 필요해서다. 그래서 나는 〈기생충〉을 볼 엄두를 내지 못했다. 지하 고시원 방에서 보았던 거대한 바퀴벌레가 생각나서 슬퍼질 것이 걱정되어서가 아니라, 그걸 나를 포장하는 서사로 활용하여 타인의 겸연쩍은 시선을 보는 걸 즐길까봐서다.

6

부자의 품격이라는 허상

_돈 많은 집안이면 장학금을 받지 말라는 사람들에게

조국 전 법무부장관 후보자의 인사청문회에서 한 의원은 "부모가 교수인데 딸이 장학금 받는 거 아니죠! 모범을 보여야죠!"라며 역정을 냈습니다. 그 돈은 '불쌍한 사람들 것'인데, 부자들이 양심도 없다는 뉘앙스였죠. 그런데 말이죠…….

아버지, 어머니가 교수이고 집에 재산도 많기 때문에 (대학원) 장학금을 받아서는 안 된다는 주장에는 두 가지 전제가 있다. 하나는 이십 대 중반의 성인이 부모의 돈을 자기 것처럼 사용할 수 있어야 한다는 것이고, 하나는 오십 대 중년이 '다 큰' 자녀의 부양을 언제나 책임져야 한다는 것이다. 가족이면 이게 당연한 것인가? 복잡한 개인사를 죄다 무시하고 일괄적으로 적용될 수 있을까?

부모의 도움을 성인이 되어서도 거절하지 않겠다는 태도와 자녀 부양을 중년이 되어서도 마다하지 않겠다는 의지는 사회적으로도 바람직한 결과로 이어지지 않는다. 그럼에도 부자의 도리를 지키지 않은 양 융단 폭격을 가하는 이유는 가난을 줄 세워 돈을 주는 방식이 불평등을 줄여줄 것이라고 믿어서다. 듣기에는 아름다운 세상의 이치처럼 보이지만 불평등이 자연스럽게 유지되는 케케묵은 관념일 뿐이다.

성인이 되어서도 끊임없이 부양받는 존재이길 원하는 사람은 없다. 그럴수록 부모가 자녀의 인생에 간섭할 명분이 생기고 이는 '서로'에게 불편할 뿐이다. 물론 순탄히 돈이 오가고 '간섭을 관심이라 여기며' 별 갈등도 없는 집안도 있을 것이다. 그게 엘리트 가문의 '덕'이라고 뿌듯해할지도 모른다. 하지만 부모로부터 빨리 벗어나고 싶은 자녀도 있고 자녀 뒷바라지를 빨리 끝내고 싶은 부모도 있다.

부모의 지원 총량이 쌓일수록 자녀에 대한 기대치는 높아진다. 이 부담이 언제나 긍정적으로만 자녀에게 영향을 미치는 것은 아니다. 당연히 압박감을 피하고자 부모와 연결된 밧줄을 나름 느슨하게 만드는 사람도 많다. 그렇기에 부모는 부자인데, '괜히 독립하면서' 고생하는 개인이 존재한다. 그에게는 '오늘이' 힘들 수 있다. 주변에서 보면 위선처럼 보일지 모른다. 하지만 '집에 돈이 많다고' 늘 그 굴레 안에 살아야 하는 것이 의무는 아니다. 그렇다고 누구도 강요할 수 없다.

부모에게도 자녀를 강제로 독립시킬 자유가 있다. 지금껏 이 정도로 지원했으면 된 것 아니냐면서 알아서 장학금을 받든, 아르바이트를 해서든 앞으로의 인생은 알아서 살라고 할 자유 말이다. 부모가 '왜 내가 네 학비를 지원해? 나 죽을 때까지 한 푼도 생각하지 마!'라고 생각하기에, 자녀가 지금까지의 스펙을 활용해 장학금을 챙겼다면 이는 개인이 '의도적으로' 꼼수를 부린 것일까?

물론 양심이 대단해서 안 받으면 '귀감' 사례가 되겠지만, 어마어마한 도덕적 잣대를 부모와의 관계가 어떤지도 모르는 이십대 중반의 성인에게 일괄적으로 적용할 수는 없다. 사람이 다른 사람하고 늘 친밀해야 할 이유는 없다. 부모에게 돈 한 푼도 받기 싫어할 수도 있는 것이고 자녀에게 한 푼도 주기 싫을 수도 있다. 그 강박의 크기와 실천 정도에 따라 개인 사정은 다 다르다. 모든 장학금이 '집안의 역사'까지 따질 수 없는 이유다. 특히나 다 큰 어른이라면.

화가 나는 이유는 '부자의 품격'이란 나쁜 말 때문이다. 이따위 고상한 말이 자주 등장하는 사회에서는 가난한 이들에 대한 동정적 시선이 매우 견고하다. 품격 없이 그런 돈을 왜 받는지를 추

궁하며 등장하는, 그런 돈을 받을 만한 이들의 모습은 처참할 정
도로 품격이 없다. 방 한 칸도 제대로 마련하지 못하고 편의점 음
식으로 한 끼를 겨우 때우는 안쓰러운 사례들이 누구는 왜 비루
해야 하는지를 사회구조적으로 따지는 논의로 확장되면 다행이
지만, 실상은 '착한' 부자를 찾는 습관으로 이어진다.

　누군가의 통 큰 기부 덕택에, 그리고 누군가가 관심을 가지지
않은 덕분에 현금 혜택을 받은 자들은 '도움을 받았다는' 족쇄를
차고 평생을 살아야 한다. 언제나 성실해야 하고 특히나 세상을
욕해서는 안 된다. 자신은 가난하면서, 그래도 세상은 살기 좋다
는 이론을 옹호해야 한다. 주어진 규격에서 조금이라도 어긋나
면 은혜도 모르는 배은망덕한 자라는 지탄이 등장한다.

　사람을 순응하게 만드는 확실한 방법을 아는 기업들이 사회
공헌 활동에 많은 비용을 쓰는 건 당연하다. 여기저기 장학금을
많이 뿌릴수록 기업의 탐욕을 비판하는 세상의 크기도 줄어드
니 말이다. 그러니 나눔을 실천하는 부자 이야기가 많은 곳에서
복지제도를 늘려야 한다고 주장하는 사람은 빨갱이 취급을 받
는다.

　부자의 품격을 운운하는 사회에서는 부자들의 기만이 성행한
다. 후광을 마다하고 일부러 힘든 삶을 택했다는 이야기는 왜 이
리도 많은가. 가난하면 가난이 스토리로 발현될 수 없지만, 부자
가 잠시 가난하면 인생 경험이 폭넓다느니, 밑바닥 삶을 이해한

다느니 온갖 긍정적인 수식어가 붙는다. 장기간 저임금 노동을 하는 자는 계속 가난하지만, 장래에 도움이 될까봐 단기간 거친 노동을 일회성으로 선택한 이들은 그 경험을 유용하게 활용하여 대중을 현혹시킨다. 자신은 속물이 아니라 세상 물정을 아는 부자랍시고. 칼국수는 누구나 먹는 음식인데, 그걸 먹었다고 '착한' 사람이 되는 집단은 정해져 있다.

자기계발 도서들은 이를 명문가의 엄격한 자녀교육이라 하지만, 밑바닥을 고의적으로 체험해봤다는 원래 부자가 성인이 되어 불평등에 '격렬히 반대'하는 경우는 거의 없다. 오히려 그런 일도 경험해봤기에 자신의 현재를 '운'과 무관한 '노력'의 결과라 포장한다. 그럴수록 '나도 경험해봐서 안다'는 이들이 가난한 이들을 의지가 부족하다면서 혐오할 가능성은 높아진다.

이따위 기만보다 차라리 자신은 죽어도 서민의 삶을 알 수 없는 유복한 환경에서 살고 있다는 성찰이 솔직하다. 강남좌파면 어떠한가. 가난의 원인은 가난뿐이라는 태도를 지니고 이를 구체적으로 해결할 정치권력에 힘을 실어줄 때 사회의 불평등도 유의미하게 줄어들지 않겠는가.

부자의 품격이란 말 자체가 이미 세상이 굉장히 불평등하다는 증거다. 교육의 공공성 회복, 주거비용의 안정화, 그리고 적당한 노동으로도 인간의 존엄성이 유지되는 삶이 보장되는 사회를 만들면 누구도 돈 있는 사람에게 특정한 행동을 기대하지 않는다.

잘난 사람은 은총을 베풀고 잘나지 못한 사람은 그것에 감사를 표함이 마땅하다는 생각은 불평등한 세상이 그대로 유지되는 연료일 뿐이다.

———————————————————————— **7**

집이 없어도 행복한 사회는 불가능한가

_부동산 광풍을 훈풍으로 여기는 사람들에게

> 정부의 고강도 부동산 정책으로 서민들만 고생한다는데, 언론에 등
> 장하는 사례들이 괴상합니다. 세금 폭탄에 허우적거린다는 사람은
> 20억 원 아파트에 거주하고, 젊은 세대의 내 집 장만이 물 건너갔다
> 는 사례에서는 대출이 제한되어 16억 원 아파트를 사지 못했다는
> 초현실적인 신혼부부가 등장합니다.

10년 전, 나는 20년간 거주할 수 있는 서울시 장기전세주택에 1
억 원 초반대의 보증금으로 입주했다. 당시 친구는 같은 단지, 같
은 면적(전용 59제곱미터)의 아파트를 2억 3천만 원에 분양받았다.
20년간 대출금을 갚을 현실이 캄캄하다고 했지만 잠시만 낙담

했을 뿐이다. 이후 집값은 2013년에 4억 원, 2017년에 5억 원을 넘겼고 2020년 6월에는 8억 원이 되었다. 같은 단지의 84제곱미터 아파트를 3억 8천만 원에 매입한 지인은 생활비도 쪼들려 저축을 못 했다지만 최근 10억 5천만 원에 집을 팔았다. 처음에는 경기도나 다름없는 서울 끝자락의 아파트를 사야 하냐는 부모님과 아내의 원망이 있었다는데, 지금은 늘 웃음꽃 가득한 가족이 되었다.

세 가정 모두 세상을 보는 눈이 비슷할 리 없다. 건너편 아파트가 재개발되면서 59제곱미터 면적이 13억 원에 이르자 나는 미친 세상이라며 욕을 했지만, 그들은 "우리 아파트는 임대가 많아서 저기처럼 안 오른다"면서 무례한 분석을 일삼았다. 내가 제주의 시골로 이사를 온 이유에는 부동산 광풍을 훈풍이라 여기는 이웃을 마주해야 하는 짜증도 영향을 미쳤다. 인사치레로 부러움을 표하니, "열심히 살았으니 보상받는 거죠"라고 말하는 사람과 어찌 내 일상을 터놓고 대화를 이어갈 수 있단 말인가.

그 사람이 싫으면서도, '나'도 미웠다. 무리해서라도 집을 샀어야 했는데, 그러지 못한 자신이 한심하게 여겨진다. 공인중개소 앞에 적힌 초현실적인 집값을 바라보며 인생이 어디서부터 꼬였는지를 후회하지 않았다면 거짓말이다. 내가 세상을 잘 못 산 느낌에 괴로워할 동안, 비슷한 처지의 많은 이들이 영혼까지 끌어모아서 집을 샀다. 그렇게 대한민국 곳곳에 가진 돈 1억 원에 2

억 원을 대출받아 3억 원에 산 집이 조만간 5억 원이 되길 욕망하는 집주인들로 넘쳐났다.

집값 상승을 전제로 도박을 한 사람들의 조바심은 대단하다. 아파트 앞에 장애인 복지관이 건설되면 불편한 기색을 감추지 않는다. 쇼핑몰 입주 예정지라고 소문났던 곳에 임대아파트 수천 세대가 조성된다는 소식이 들리면 공공주택 건설을 반대하는 시위도 마다하지 않는다. 이들에게 집값 하락은 호재가 아니라 위기일 뿐이다. '반드시 집값을 잡겠다!'고 정부가 다짐할수록, '가만히 당하진 않겠다!'는 투지를 불태운다. 집에 인생을 건 사람이 넘쳐나니, 집값을 잡으려는 모든 시도가 인생을 건 반발심에 부딪혀 실패한다.

발칙한 상상력을 해본다. "열심히 살아 내 집 장만하자!"는 것을 무슨 인생의 공통 목표인 양 소개하는 게 과연 적절한 것일까? 강박의 크기만큼 (내 집 장만을 하지 못한 자의) 자학도 커지고, (내 집 장만을 한 자의) 무례도 증가하지 않는가. 그럴 바에야, '집이 없어도 사는데 아무 지장이 없다'는 신호를 줄 필요가 있지 않을까? 집에 연연하지 않을 환경이 만들어진다면 그 빌어먹을 '수요'를 줄일 수 있지 않겠는가. 무주택자에게 청약가점을 주면서 내 집을 장만할 기회를 주는 게 아니라, 일평생 무주택으로 살아서 얻는 만족감이 사람을 현혹시키는 마법의 단어 '시세차익'과 비교해서 뒤지지 않는 느낌이라면, 집을 소유하지 않겠다!'는 동기부여도 가능하지 않겠는가.

　결혼하는 자녀에게 "살아보니 그때 집을 안 산 게 신의 한 수였다"라고 말할 수 있는 사회가 되면 자연스레 집값을 잡겠다는 정책을 환영하는 이도 많아질 것이다. 집을 '소유하지 않은' 덕택에 사람의 미래가 결코 망하지 않는다는 예측이 가능하다면 꽤 괜찮은 상상력 아닌가? 이런 판타지 소설이나 쓰고 있어야 하다니, 그만큼 현실은 상식의 수준에서 멀어졌나 보다.

'독립했다'는 말은 사라질 것이다
_마흔 넘어서 집도 없는 게 자랑이냐는 사람들에게

> 대출금도 모자라 양가 부모님께 거금을 빌려가며 아파트를 구입하
> 는 경우가 종종 있습니다. 사는 곳만 다른, '무늬만 독립'인 셈이지
> 요. 어른의 삶에, 그 어른의 어른이 개입해서 내 집 장만을 하는 모
> 습을 과연 사회적으로 권장할 수 있을까요?

집이 없어도 행복한 사회를 꿈꾸자고 글을 쓰고 나는 온갖 조롱
을 받았다. 열등감, 징징거림, 칭얼대기 등의 곁가지가 등장하며,
집값 때문에 허우적거리는 사람들의 푸념을 일순간에 '어리광'
으로 정리한다. 분위기를 타니, 해서는 안 될 말을 하며 선을 넘
는다. '나이 먹고 집 없는 게 자랑이냐', '네가 놀 때, 나는 부동산

공부했고 대출금 갚는다고 절약했다', '남들 치열하게 살 때 놀아 놓고 왜 남이 밥 떠먹여주길 바라느냐' 등등 빈정거림의 수위가 하늘을 찔렀다.

기가 막혔다. 집이 있느냐 없느냐가 윤리와 도덕의 경계가 되어, 한쪽이 반대쪽의 인생을 멋대로 평가해도 된다는 천박한 자신감이 사람의 타고난 성향일 리 없다. 사회가 병들면 개인이 병든다는 명제에 대한 완벽한 증명 아니겠는가. 불로소득이란 이래서 문제다. 사람을 건방지게 만들고, 그게 건방인 줄 모르게 하는 재주까지 있다. '영혼을 끌어모았으니' 사회가 보일 리가 없다. 그런 사람들이 '늘어나고 있는 것', 이게 사회문제가 아니면 무엇인가.

내가 어떻게 살았는지를 말하지는 않겠다. 다만, 룰은 지켜야 한다. 그런 '파이팅'은 부동산으로 부자가 되는 법을 친절히 알려주는 책들의 프롤로그에 등장하지 않았던가. 그러면 같은 게임을 하는 사람을 붙들고 말하면 된다. 그들끼리 성실하고 열정적으로 살면 될 일이다. 다만, 그 기준으로 세상을 해석하면 안 된다. 하지만 모두가 같은 레일에 있다는 착각에 빠지니, '자기들처럼' 세상을 바라보지 않는 자를 나태한 이미지로 포장해 조롱해도 된다고 생각한다. 그 오만함은 도대체 누가 부여했단 말인가. 그냥 "내 갈 길 가겠소! 난 돈이 좋소!"라고 하면 될 일이지, 왜 "이 사회에 한 길만 있으면 되겠소!"라는 다른 층위의 주장을 인민 재판하는가. 부자가 '아니라도' 행복할 수 있는 사회를 생각하는 게 누구의 허락을 받아야 할 문제인가.

나는 《결혼과 육아의 사회학》(휴머니스트, 2018)에서, 주거비용에 '부모님의 지분'이 개입하는 경우가 구조적으로 증가하는 현대사회의 모습을 간략히 다뤘다. 돈을 받았기에 눈치를 봐야 하는 상황은, 집값이 '오르면서' 더 노골적으로 변한다. 지분을 가진 이의 개입이 시도 때도 없기 때문이다. 개인주의가 증가했다는 시대 진단이 무색하게, 징글징글하고도 괴상한 가족공동체가 곳곳에서 문제를 일으키는 건 당연지사. '함께 고통의 시간을 보냈다'는 진영 논리는 (정치권을 통해서도 알겠지만) 가족 안에서도 노골적으로 개인을 괴롭힌다. 그리고 이는 핏줄의 문제가 아니라 사회적인 이유 때문이다. 요즘의 내 집 장만이 40년 전과 비슷할 리 없다.

결혼할 때만의 문제이겠는가. 누가 대학생이 되어 서울로 갔다고 하자. 요즘 세상에, 부모가 주거문제를 '나 몰라라' 하면 참으로 무책임하거나 아니면 세상 물정 모르는 사람일 것이다. 도움을 주지 않으면 자녀가 제대로 살아갈 수 없다. 청춘들이 나약해져서도 아니고 부모들이 자녀에게 집착해서도 아니다. 그냥 '대한민국의 집값'이 비싸기 때문이다. 결론인즉, 현대사회에서 오리지널 순도 100퍼센트의 '독립'은 거의 존재하지 않는다.

하지만 착각은 많다. 부모덕으로 돈을 '잘 저축할 수 있는 환경' 따위는 보이지 않고, 10년간 목숨 걸고 아껴서 2억을 모았다는 이야기를 자랑스럽게 떠든다. 그런 자신이 굉장히 독립적인 줄 안다. 본인이 제일 열심히 살았다고 자부한다. 그렇게 생각하는 것은 상관없지만, 타인에게 투사하면 안 된다. 특히 정말로 '오리지널 독립'을 (사실상 강제적으로) 할 수밖에 없어서 돈도 못 모으고 내 집 장만은 꿈도 안 꾸는 이들에게는. 그건 무례하다.

앞으론 더 끔찍해질 것이다. 20년 후를 상상해보자. 아마 부동산으로 돈을 버는 게 무엇이 죄냐는 사람들은 자신의 '부동산 자산'을 나눠서 자녀들을 도울 것이다. 지금보다 더 빨리, 더 많이, 그리고 더 오래. 지분의 크기가 커졌으니, 권리도 증가할 것이다. 자녀들은 부모가 원하는 가치관으로 무장할 것이고, 부모가 싫어하는 세계에는 발을 내딛지 않을 것이다. 몇 억이 걸려 있으면 다 그렇게 된다. 또한 자신의 부모처럼 부동산 공화국의 일등시민이 되어 살아갈 것이다.

그곳에선 청춘의 독립 따위 존재하지 않는다. 부모의 힘으로 '거주지를 잘 마련한' 케이스만 있을 뿐이다. 그런데 자기 자녀가 어른이 되어서도 숟가락 들고 밥 떠먹일 인간들이 거짓말을 한다. 집 없는 사람에게 혜택을 주자고 하면, 왜 누가 밥 먹여주길 바라냐고 한다. '순수하게 독립했기에' 내 집 장만은 요원한 사람을 어린아이 취급한다.

부동산만이 재테크가 된 현실은 '끔찍한' 팩트이지, 사회가 집단으로 추구해야 할 정의로움도 아니고 미래 가치가 되어서도 안 된다. 본인이 그 길을 선택하는 것은 자유다. 다만, "한국에서 별수 있나요. 이렇게 살아서 돈이라도 벌어야지요. 월급만 모아서는 아무것도 할 수가 없으니"라고만 말해야 한다. 성실, 노력, 준비 등 이런 단어를 남발해서 자신의 인생을 포장하면 안 된다.

내 집 장만이 '욕구'라고 믿는 이를 비판하진 않겠다(긍정하지도 않는다). 다만, 그 욕구가 충족되는 데 괴상한 방법들이 동원되고, 그래서 가족공동체가 쓸데없이 견고해진다면 사회는 어떤 식으로든 개입을 해야 한다.

물론 지금처럼 하면 악순환만이 선순환될 뿐이다. 젠장, 망했군. 그러니 때론 발칙한 상상력도 좀 가져보길.

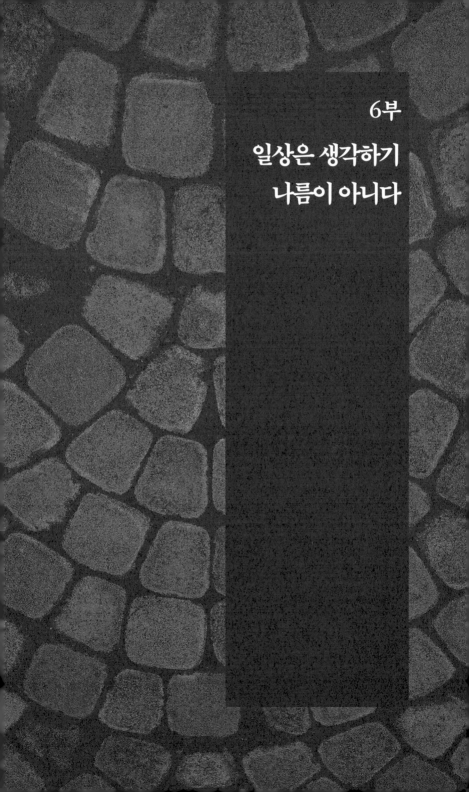

6부

일상은 생각하기
나름이 아니다

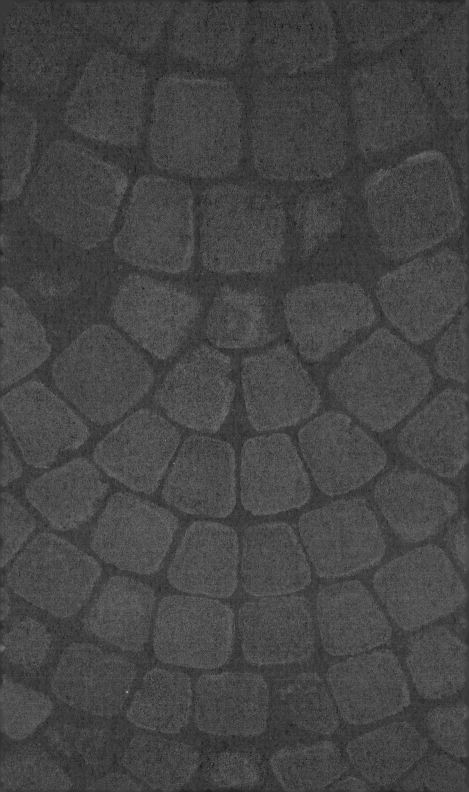

1

"나, 한국나이 안 써!"

_만나면 나이부터 물었던 사람들에게

> 19세 12개월과 20세 1개월 사이에 선이 그어지는 '한국나이'는 사
> 라져야 합니다. '27세 3개월', '41세 9개월', 이런 식으로 표현하면
> 서열 정리가 익숙한 사람들이 '귀찮아서라도' 소통에 나이가 중요
> 하지 않다는 것을 알게 되지요.

2018년 마지막 날의 글이다.

내일부터 나는 마흔두 살이다. 사십 대 중반의 길목이라고 해
도 어색하지 않을 나이다. 나이 앞자리가 4로 바뀐 지가 어느덧
2년이다 보니 불혹이라는 말도 예사롭지 않게 이해된다. 몸의 변
화를 받아들이면서 세상 풍파에 연연하지 않고 의젓하게 살고

싶다. 사실 이 말은 무엇에 도전하기에는 이미 늦은 나이임을 인정하고 주어진 환경에 만족하고 살아가겠다는 다짐이자, 그럴 수밖에 없는 것 아니냐는 체념이기도 하다. 그러니까 한국에서 마흔두 살이면 자타공인 아재다.

그런데 오랜 외국 생활을 정리하고 최근에 귀국한 동년배 친구는 나보다 훨씬 젊게 산다. 친구는 내게는 예전이었던 '사십 대의 시작이' 기대된다면서, 이를 기념하고자 제주 올레길을 무작정 걸을 예정이라 했다. 느낌이 좋으면 해남 땅끝마을에서 서울까지 도보로 올라오겠단다. 내가 국토대장정은 젊은 애들이나 하는 거라면서 '우리 나이쯤 되면'이라는 추임새를 멈추지 않자 친구는 세상을 바라보는 서로의 차이를 간단하게 설명한다.

"나, 한국나이 안 써."

나는 1978년 9월생이고 친구는 11월생이다. 한 명은 이미 사십 대의 삶에 익숙해져서 느낌 운운하는 결정을 꺼려하고, 고작 2개월 차이인 다른 한 명은 인생을 자신이 만들면서 살아가는 데 두려워하지 않는다. 친구의 정신상태가 남달라서가 아니라, 그가 태어난 세월이 딱 그 정도였기 때문이다. 40세 1개월, 친구는 자신의 나이를 살아온 기간만큼 계산했고 그 숫자에 맞춰 살았다. 새해가 되어도 40세 2개월에 불과하니 스스로를 삼십 대라고 착각할 만하다. 하지만 1978년에 태어났다면 동시에 새해 첫날부터 마흔두 살이 되는 이상한 전통에 길들여진 나는, 몇 년

후에는 "내일모레면 반백 년을 살았으니"라고 말할 태세다.

나이는 숫자에 불과한 게 아니라, 숫자가 곧 자신이더라. 한국식 나이로 살다 보니 너무 빨리 늙는다. "곧 마흔이네"라는 말을 한국나이 서른여덟이 되는 해의 첫날부터 했다. 진짜 나이는 36세 4개월에 불과했는데 말이다. 삼십 대의 정점에 있을 시기였지만 8이라는 숫자의 무게감 때문에 스스로를 40세에 밀착시켜 이해했다. 26개월 군 복무를 마쳤을 때가 고작 21세 8개월 때였는데, 왜 그렇게 애늙은이 흉내를 내며 학교를 다녔는지 모르겠다. 둘째 아이가 태어났을 때의 내 나이는 34세 7개월에 불과했는데, 서른여섯이라고 생각했던 나는 참으로 두려움이 많았다.

세계에서 유일한 '한국나이'는 사라져야 한다. 동양에서는 숫자 0의 개념이 달라서 나이를 다르게 계산했다는 설도 있지만 중국과 일본이 전통을 무시했기에 이를 폐기했겠는가. 찬성론자들 중에는 '생명에 대한 존중 때문에 태어날 때부터 1세가 된다'는 너무 진지한 해석을 하는 경우도 하는데, 역사가 곧 인권투쟁의 시간이었던 다른 나라 사람들이 이를 듣고 어떻게 생각할지 모르겠다.

재미난 것은 원래 나이보다 '더' 셈하는 법을 한국의 젊은 세대들이 찬성하는 경향이 강하다는 것이다. 나이가 어리면 사람을 무시하는 사회에서 하루빨리 '높은 숫자'로 자신을 보호하려는 세태가 반영된 결과로 보인다. '학생다움'의 규율에 짓눌린 이들에게 '이십 대'는 자유라는 상징을 지니고 있다. 그래서 2000년 12월에 태어난 이들은 2019년 1월 1일이 18세 1개월이 아니라, 청소년보호법의 대상에서 벗어나 음주와 흡연을 스스로 선택할 수 있는 만 19세, 아니 스무 살이다.

스무 살이 되고 싶었던 간절함 덕택에 당연히 사십도 오십도 빨리 된다. 나이가 어리면 무시당하는 세상에 적응하고자 우리는 다 함께 '더' 나이가 들어버렸다. 아니었으면 나는 이제 갓 사십 대에 접어든 팔팔한 사람인데 말이다. 그래서 나는 새해 첫날이 되더라도 마흔두 살이 아닌 40세 4개월로 스스로를 바라볼 생각이다. 새로운 10년을 기념하는 여행을 떠날 채비나 해야겠다.

2

스타벅스에 위로받는 이상한 여행

_편안함에 익숙해진 사람들에게

1997년에 대학을 갔습니다. '아메리카노'가 무엇인지도 모르는 시기였죠. 하지만 2008년에 태어난 제 딸은 카페에서 '화이트 딸기 크림 프라푸치노'를 시킵니다. 요람에서부터 카페를 이용하게 된 시대, 세상은 어떻게 변했을까요?

17년 만에 유럽여행을 했다. 이번에도 시작은 독일 항공사 승무원의 편안한 모습들이었다. 한국의 동종업계 종사자들과는 많이 달랐다. 이들은 나이도 많았고, 날씬하지도 않았고, 또 지나치게 친절하지도 않았다. 그래서 나도 편안했다. 한국인 승무원도 여럿 있었지만 안경을 낀 '여'승무원은 전부 독일 사람이었다.

독일, 프랑스, 네덜란드는 여전했다. 교과서에나 보던 건축물, 엽서에서나 보던 풍경을 마주하는 기쁨도 대단했지만 역시나 기억에 남는 것은 같은 자본주의 사회의 다른 모습들이었다. 어떤 식당을 가더라도 수다 삼매경인 노인들로 붐볐다. 혼자서 맥주 한 병만 테이블 위에 두고 온종일 사람구경만 하는 할아버지, 신문의 가로세로 낱말 퀴즈에 몰두하는 돋보기안경을 쓴 할머니들의 여유는 신선했다. 노인 빈곤율이 높기로 명성이 자자한 한국에서는 쉽게 볼 수 없는 모습이었다.

특히나 시골 어디를 가더라도 적당한 거리마다 있는 동네 빵집의 복작거리는 아침풍경은 정겨웠다. 가게 안에는 몇 대에 걸쳐 빵집이 이어지고 있음을 증명하는 흑백사진들이 걸려 있고, 손님과 주인은 빵 하나 사고팔면서도 오랜 인연이기에 가능한 잡담을 이어갔다. 동네사람들은 출근하거나, 등교하면서 여기부터 들렀다. 맛이 끝내준다는 상투적인 거짓말을 하려는 게 아니라, 작은 마을이 유지되는 힘이 느껴져서 좋았다. 이런 기운이 있는 시골은 규모가 작을 뿐 결코 휑한 느낌이 아니다. '쇠락' 같은 표현은 인구의 절반이 특정지역에 집중된 한국에서나 가능할 뿐이다.

하지만 변한 것도 있었다. 도시는 특색을 알 수 없는 서울의 모습처럼 변해 동질성을 자욱하게 풍겼다. 공항과 중앙역, 그리고 도시의 중심부에는 같은 상호의 가게들이 즐비했고 여러 상점으로 분산되어 있던 제품들은 쇼핑몰 안에 모여 있었다. 고군분투하며 가업을 이어가는 작은 가게들을 찾는 손님은 없었지만 그 옆의 '1 EURO SHOP'은 문전성시였다.

우리 가족이 여행 중 가장 많이 한 말은 "저기 스타벅스 있네. 좀 쉬었다가 가자!"였다. 스타벅스 매장이 천 개가 넘는 한국에 비할 바는 아니지만 관광객이 붐비는 유럽 어디에서든 익숙한 로고의 커피전문점을 찾는 것은 어렵지 않았다. 프랑스는 좀 인상적이었는데 파리 도심에서 루브르박물관으로 들어가는 입구의 양 기둥에 좌청룡 우백호처럼 스타벅스, 맥도널드가 있었고 심지어 박물관 안에도 스타벅스가 입점해 있었다. 물론 다른 나라 유물들을 마치 프랑스 소유물처럼 의기양양하게 모아둔 곳에 미국기업이 돈을 벌고 있는 게 이상할 이유는 아니지만 순간 명동 번화가와 비슷하다는 묘한 느낌이 들었다.

중요한 건 내 몸이었다. 머리로는 이런 변화를 비판했지만 몸은 이미 한국에서 익숙해진 그곳이 너무 편안했다. 스타벅스는 세계 어디서나 같은 방식으로 운영된다. 직원들은 손님과 적절한 무관심 관계를 유지한다. 그러니 테이블 인원보다 좀 부족하게 주문해도 눈치 주는 사람도 없다. 화장실도 다른 어떤 곳보다 편안하게 사용할 수 있다. 여행 중에 벌어질 수 있는 시행착오를 최소화하는 공간사용이니, 우리 가족은 마치 때가 되면 교회를 가듯이 의례적으로 그곳에 가서 안락함을 구매했다.

한국과 비슷해진 유럽에서 원래의 익숙함을 반복하는 여행이라니, 우려스러운 지구촌 한 가족의 탄생이다. 비행기로 열 시간을 날아가서도 동일한 브랜드에 차곡차곡 돈을 지불하는 사람들이 많아지는 세상이 어떻게 변할지 궁금하다.

다양성이 실종되는 문제를 떠나 이건 개인의 행복에 관한 문제다. 거대자본에게 무조건 유리한 무한경쟁 시스템에서 여유로운 노년 생활, 편안한 모습의 노동자가 존재할 수 없음은 이미 한국에서 증명되었다. 동네 빵집의 운명도 분명 비극적일 것이다. 더 절망적인 것은, 그런 때가 오더라도 유명 브랜드의 빵을 쉽게 구해 먹으면서 익숙함에 위로받을 내 모습이다.

3 ───────

수면의 불평등

_잘 잠 다 자면 안 된다는 사람들에게

> 사람들은 책을 50권 버리면 '수백 권을 정리했다'면서 과장합니다.
> 책 좀 읽었다고 말하고 싶어서겠죠. '1주일간 잠도 못 자고 일했다'
> 는 사람들이 많습니다. 가능할 수 없지만, '피곤해보여야만' 인정받
> 는 세상에서의 생존 전략이겠지요.

드라마에 종종 나오는 장면이다. 잠옷을 입은 부부가 자기 전에 큰 침대에 기대어 아름다운 조명 아래서 두꺼운 책을 읽는다. 그리고 하루에 어떤 일이 있었는지 서로 이야기한다. 그런 다음 편안히 잠든다. 어릴 때, 이런 자연스러운 모습이 현실에서 쉽지 않을 거라고는 상상도 할 수 없었다. 아무리 살기 어렵다고 해도 자

333333333

는 거야 철저히 개인적인 시간과 공간을 쓰는 것 아닌가. 잠을 줄여가며 공부하는 걸 미덕으로 여기는 학창시절이 끝나면 편하게 수면을 취하는 일이 당연한 줄 알았다. 하지만 불평등한 세상에서 수면이라고 어찌 불평등하지 않겠는가.

마흔 살이 넘은 나는 해마다 '무슨 일이 있어도 잠옷 입고 양치하고 제대로 이불 덮고 잠자기'를 신년목표로 세우는 걸 빠트리지 않는다. 그날 입었던 옷을 벗지 않은 채로, 양치도 하지 않고 소파에 엎어져서 자는 경우가 많아서다. 생활습관의 문제라고 말한다면 억울하다. 내 삶은 나태와는 거리가 멀다. 일찍 일어나는 것은 물론이고 종일, 그것도 늦게까지 일한다.

나는 오늘 오전에 대학 강의를 했다. 이를 위해 새벽부터 책을 읽고 자료를 준비했다. 오후에는 지방도서관 강연을 다녀왔고 저녁에는 바나나를 먹으면서 작업실에서 집필을 했다. 그리고 집에 들어와 밤늦게까지 이 글을 쓰는 중이다. 책상 앞에서 꾸벅꾸벅 몇 시간을 졸았는지 모르겠다. 어찌 피곤하지 않겠는가.

피로가 누적되니 노동이 즐거울 리 없다. 스트레스를 잊고자 술을 찾는 경우가 잦아졌다. 심신이 지치니 조금만 마셔도 잠이 든다. 안방에 이불도 있고 옷걸이에 잠옷도 있지만 언제 쓰러졌는지도 모르게 거실에서 새우처럼 자는 내게는 필요 없다. 꾸부정한 자세에서는 숙면을 취하지도 못해 금세 눈이 떠진다. 아뿔싸, 할 일을 다 못했구나. 다시 새벽부터 일, 또 일이다. 아내와 이

것저것 이야기를 나눌 시간은커녕 부부가 같은 공간에서 자기도 힘들다.

그런데 말이다. 이토록 열심히 사는데 편안한 숙면을 보장하는 침대 하나가 없다. 침대 살 돈이 없다는 말이 아니다. 침대가 놓일 공간이 없다. 침실? 신혼 초에야 잠시 있었지, 아이가 생기면서 짐은 늘어났고 있는 침대마저 버려야 했다. 더 넓은 집으로 가면 될 일이지만 그게 마음먹는다고 가능한 대한민국인가.

누구는 '수납의 달인'처럼 현재 공간을 잘 활용하든지, 아니면 지방으로 가서 삶의 질을 높이라고 한다. 달인이라면 가능할지 몰라도 인생은 기인열전이 아니다. 지방으로 가면 이동한다고 시간을 다 뺏겨 잠옷 안 입고 양치 안 하고 잘 확률은 더 높아진다. 지금도 집값 때문에 서울을 벗어나, 꾸벅꾸벅 졸면서 서울로 출퇴근한다고 지친 몸을 이끄는 직장인들이 얼마나 많은가. 그런데 지방이라고 무엇이 그렇게 저렴한가. 20년 동안 꼬박꼬박 은행에 대출금을 상환해야 하는 사람들의 일상이 어찌 여유로울까. 침대를 놓을 공간은 생겼겠지만 편안한 수면은 어불성설이리라.

다행인 것은 나만 이 지경은 아니라는 위안이다. 사회를 판단하는 좋은 항목(행복지수, 성평등, 복지비용 등)은 OECD 국가에서 하위권이고 나쁜 항목(자살률, 소득격차 등)은 상위권인 한국에서 살아가는 사람들은 수면시간도 차별받는다. OECD가 발표한 국가별

일평균 수면시간 조사에 따르면(2015년) 한국인의 수면 시간은 역시나 최하위였다. 조사 대상 18개국의 평균보다 33분이나 부족했다. 아침에 33분이 더 보장되는 하루를 상상만 해도 기분이 좋다. 프랑스는 한국보다 무려 한 시간 1분이나 더 잔다. 그럼에도 프랑스는 망하지 않았다.

한국에서 자신이 하루에 여덟 시간 넘게 잔다고 말을 하면 "할 것 다 하고 어떻게 살아갈래?"라는 빈정거림을 들을 각오를 해야 한다. 그러니 한국인들은 자는 시간도 부족한데 수면의 질도 좋지 않다. 2015년 필립스의 조사 자료에 따르면, '일에 대한 걱정' 때문에 수면이 방해받는 경우마저 한국인들은 43퍼센트로 가장 높다(브라질 33퍼센트, 중국 32퍼센트, 영국 24퍼센트, 일본 23퍼센트). 사회가 병드니 생물학적 영역이라 할 수 있는 '잠'마저 뒤척거리게 만들고 있는 지경이다. 잠을 제대로 못 자면 하루가 활기찰 수가 없으니 끝낼 수 있는 일도 제때 마무리를 짓지 못한다. 그러니 종일 일하고 잠은 대충 잔다. 그게 억울하니 삶의 질은 바닥이다. 악순환의 완벽한 선순환이다.

잘못된 컨베이어 벨트라면 작동을 멈춰야 하겠지만, 설상가상으로 한국에서 이런 속성은 칭찬을 받는다. 잠도 제대로 못 자고 일하는, 그러니까 나 같은 사람의 이야기는 열심히 사는 사람들의 전형이랍시고 포장되기 일쑤다. 우리는 생애 전반에 걸쳐, '잠을 줄여가며' 공부와 일을 했다는 타인의 이야기를 수천 번 듣는다. 밤을 밝히고 새벽을 깨우는 사람들의 이야기는 '열정'과 '동기부여'를 자극하는 글의 단골 소재다. 남들 잘 때 안 잤다는 것에 긍정성을 부여하는 사회에서, "누구보다 일찍 출근했고 늦게 퇴근했다"는 식의 표현은 솔직히 진부할 정도다.

하지만 위로와 보상을 정당화하는 데 이만한 효과를 지닌 다른 말은 없다. 나부터가 그랬다. 앞에서도 언급했지만 나는 신문배달을 하면서 대학원에서 공부를 했는데 당시 참으로도 여러 장학금을 받았다. 밤늦게까지 공부하고 새벽에 일어나 신문을 배달한다는 사실은 누구보다 성실하다는 것을 증명하는 유용한 자료였으니 내가 장학금을 받는 데 토를 다는 사람은 없었다.

나는 '자는 걸 잘 챙겨가면서는 잘 살 수 없다는' 이미지에만 길들여졌다. 침대를 놓을 넓은 공간을 마련하고자 잠도 줄여가며 일을 하는 것이 아니라, 나이 마흔에 임대아파트에 살면서 여덟 시간이나 넘게 잔다는 것이 타인에게 '게으르게' 비쳐질 수 있음을 두려워했다. 가난한 사람다움을 인정받으려는 내게 숙면은 감히 사치였다.

나는 그런 행동으로 가족에게 '잠도 제대로 못 자고 열심히 사는 아빠'의 상징을 얻으려고 했을지도 모른다.

4

고독은 죄가 없다

_외향적이지 않은 성격이 문제라는 사람들에게

대학에서 글쓰기를 강의했는데, 학생들의 자기소개서를 첨삭하라는 임무가 생겼습니다. 부당한 지시라서 거절하고 퇴직했지만, "낯을 가렸지만 극복했다", "소심했지만 이겨냈다" 등의 글을 읽어야 하는 불편함이 큰 이유였죠.

잡지를 넘기면 적절한 외로움의 눈빛을 지닌 패션광고의 모델들을 쉽게 만난다. 명품가방이나 명품시계의 경우도 광고 스타일이 유사하다. 어린이용 제품이나 음식 광고에서나 사람들이 유난을 떨지 '고급' 소리를 듣는 상품들의 광고에는 우아한 분위기만이 정적으로 흐른다.

사람들은 가끔씩 잡지 속 고독의 이미지로 자신을 포장하고자 애를 쓴다. 특히나 고독과 어울린다는 계절에는 많은 이들이 '정해진' 틀에 맞추어 사진을 찍기 바쁘다. 결코 부산하지 않은 느낌, 고뇌가 느껴지는 (흐리멍덩한) 눈동자와 미소 없는 창백한 입술, 그리고 정적인 자세가 어우러진 순간이 포착되면 이를 '인생사진'이라고 부른다.

'고독'은 쓸쓸하고 외롭다는 뜻이지만 그게 또 인생의 한 면이기에 사람들이 좋아하는 것일 게다. 사람으로 살면서, 그것도 '헬조선'이라 불리는 한국에서 나고 자라면서 어찌 쓸쓸하고 외롭지 않은 적이 있었겠는가. 그러니 슬퍼 보이는 모습에서 위안을 찾는 역설이 발생한다. 인생사가 다 그런 것이라 생각할지도 모르겠으나 간단한 문제가 아니다. 이 역설을 가능케 하는 사회의 정체를 알고 나면 그 교묘함과 포악스러움에 혀를 내두를 수밖에 없다.

고독은 SNS 공간에서나 대접 받을 뿐이다. 일상에서 외롭다는 표시를 숨기지 않는 개인은 생애의 다음 단계로 안정적인 진입이 힘들다. 예를 들어 여태껏 작성된 수천만 장의 '자기소개서'에서, 스스로를 고독을 즐길 줄 아는 자라고 표현하는 사람은 단 한 명도 없다. 분명 그런 사람이 있겠지만, 아니 많겠지만, 자신을 있는 그대로 소개하다가는 진학도, 취업도 어려우니 솔직한 표현이 무엇이 중요하겠는가. "나는 외향적인 사람입니다", "사람들과 어울리는 것을 좋아합니다" 등으로 자신을 포장하면서 자기'소설'을 쓰기 바쁠 뿐이다.

자본주의의 경쟁원리가 곧 사회의 이치인양 이해되는 곳에서 고독하다는 이미지는 결핍으로 느껴질 뿐이다. 그러니 "나는 조용한 곳에서 책 읽기를 좋아합니다"와 같은 솔직한 자기묘사는 초등학교 시절에는 등장할 수 있어도 이후로는 존재하지 않는다. 사람의 문제가 아니다. 기업이 자기소개서 항목으로 묻는 질문들은 이렇다.

"나는 살면서 불가능한 것을 가능하게 만든 적이 있는가? 무에서 유를 창조한 적이 있는가? 있다면 그 내용을 상세하게 서술하시오."

이런 시대에 부유하는 말들은 어떠한가. 도전하는 자만이 성공한다, 실패를 두려워하지 마라, 지금 당장 실천하라, 머뭇거리는 이 순간이 적기다 등등, '움직임'에 대한 과잉 칭찬이 대부분이다. 여기에 지배당한 사람들이 (가정이든, 회사이든) 권력을 잡으면 가만히 있는 사람을 그냥 내버려두지 않는다. 그러니 늘 '단합'을 위해서 함께 (꼭 업무 끝나고!) 회식을 하고 (심지어 주말에!) 산행을 강요한다.

한국에서 사회성은 사회적 관계를 '잘' 맺는다는 본래의 뜻이 아니라 '많은 사람들과 어울리는 것'으로 변종되었다. 사회성이 좋다면 내향적인 인간에게도 평등하게 다가가야 하는 게 마땅하지만 '외향성'에 과하게 의미를 부여하는 곳에서는 단지 사람의 성격을 빌미삼아 차별을 정당화한다. 사회 곳곳이 이러하니 초등학생들도 '혼자 밥 먹는다'는 이유로 또래를 놀린다. 한국에서 혼자는 타인과 어울리지 '않는' 게 아니라 '못 하는', 결핍의 존재다. 혼자를 부족하다는 개념으로 이해하는 이상한 사회성이 판을 치는 곳에서 광고모델도 아닌 주제에 고독을 씹는 자는 '폼 잡았다는 이유로' 응징의 대상이 될 뿐이다.

고독을 경시한 풍토가 우리를 행복하게라도 했다면 억지로 외향적인 인간이 되는 게 문제는 아닐 것이다. 하지만 인간성의 한쪽 면만을 정상으로 규정하고 이 편향된 정상성 좇기를 강요하는 사회에서는 이상한 일들이 발생한다.

사람들은 쉬지 않고 늘 움직인다. 그러면서 동적인 것에만 '부지런하다', '성실하다'는 포장지를 씌운다. 자연스레 반대편의 경우를 '게으르다', '열의가 없다'면서 부정적으로 묘사한다. 결국 사람들은 움직이는 것이 좋아서가 아니라, 움직이지 않을 때의 평판이 두려워 억지로 '활동'한다. 현대인들이 쉬는 것조차 불안해하는 이유다. 아무것도 하지 않는 것이 휴식이지만 우리들은 '주말에 쉬면서 아무것도 하지 않았다고' 자책한다.

무엇인가를 행동으로 옮겨야만 마냥 긍정하는 사회에서는 '고독'조차 상품이 된다. 최근의 베스트셀러들은 남과 부대끼면서 살지 않는 법을 가르쳐주기 바쁘다. 사람들은 고독조차도 다른 사람의 경험을 흉내 내고 전문가가 제안한 매뉴얼을 연습한다. 철저히 혼자가 되어 남의 눈치에도 아랑곳하지 않는 고독의 본모습은 없다. 고독에 어울리는 가구들을 사야 하고 조명도 바꿔야 한다. 자신의 외로움을 공유할 반려동물은 필수다. 그리고 빌어먹을! 이를 사진으로 찍어 SNS에 올린 후 타인의 '좋아요'에 웃음을 짓는다.

사람들은 고독을 통해 위로받는 것이 아니라 위로가 될 만한 수준의 고독을 설정하고 사람들에게 평가받는다. 고독이라는 내면의 경험이 몇 가지 설정으로 접근할 수 있는 영역이란 말인가? 고독조차 외부 인정이 필요한 시대라니, 끔찍하다.

고독은 만인이 지닌 인간만의 모습이지만 그것의 의미는 지금껏 기득권들의 입장에서 설명되어 '인간의 자격 결핍'을 상징했다. 그래서 평범한 일상을 살아가는 평범한 개인은 사회 생활을 '못' 하는 사람에 불과했다. 활기차다고 자부하는 사람들이 모인 곳에서 시스템의 결함은 쉽사리 공론화되지 못한다. 조직의 문제를 스스로의 힘으로 극복하는 것이 적극적인 사람으로 평가받기 때문이다.

당연한 말이지만 이런 가치는 사라져야 한다. 이 사회가 지금껏 추구했던 적극성은 너무 많은 사람을 아프게 했다. 죽도록 노력해도 평범하기조차 힘든 세상에서 "어깨를 펴고 당당히 세상과 맞서라"는 구호는 사라져야 한다. 이제 고독을 대하던 익숙한 방식에서 벗어나야 한다.

고독은 죄가 없다. 지금껏 고독을 바라보는 사람들의 시선이 틀렸을 뿐이다.

5

연대를 잃어버린 사회

_엄숙함만을 반복하려는 사람들에게

"좀 진부해." 자본주의를 격렬하게 반대하는 친구가 드라마 〈송곳〉을 끝까지 보지 못한 이유입니다. 그는 '노동자 권리'를 위해 노동조합이 만들어지고, 지켜지고, 규모가 커져가는 과정이 전개되는 모습이 너무 낡았다고 했습니다.

'노조 활동'을 열심히 하는 친구는 자신의 회사 노조 간부들의 타성에 젖은 모습들을 비판한다. 대학생 때 선배에게 끌려가 (그때도 이미 철 지난) 영화 〈파업전야〉를 강제 시청한 경험이 응어리로 남아 있다는 그는 지금도 노조 총회 때마다 같은 영화를 아무 맥락 없이 사전에 틀어놓는 집행부 때문에 짜증이 난다고 했다. 반복된 엄숙함으로 노동자들의 각성 상태가 유지되고 대오가 흐트러지지 말아야 할 시대는 이제 지난 것 아니냐면서 화를 감추지 않는다.

1980~1990년대 대학에서나 통했을 버전으로, '1987년 노동자 대투쟁' 같은 게 있었는지도 모르는 신입 사원에게 노동조합 가입을 권유하는 게 얼마나 관성에 젖은 행동인지 조목조목 따졌다.

"요즘 세대들은 대학 총학생회가 노동자 파업현장에 학교 깃발을 들고 가면 '왜 정치 이슈에 개입하느냐'고 강력히 항의하잖아. 이들이 이런 반응을 보이는 데는 여러 이유가 있을 거 아니야. 그런데 노조 간부는 여전히 쯧쯧 혀만 차면서 이기적인 신세대라는 말만 되풀이한다니까. 그런 근엄성으로 과연 아군의 크기가 커질까? 그저 과거 향수에만 젖어 있다니까."

나는 이 반응을 희소한 것이라 생각하지 않는다. 과거의 노동운동이 보여주는 뭉클함과는 별개로, 그 감정이 과연 아군을 확장시킬 수 있는지는 다른 문제다.

청소 노동자가 파업을 했다고 하자. 이 파업이 좋은 여론으로 이어지려면 다수의 지지를 받아야 할 것이다. 하지만 작금의 시대는 '맞다. 중학교 때 내 친구의 아버지가 청소 노동자였으니 이게 참으로 중요한 문제다!'라고 생각할 수 있는 사람이 점점 줄어들고 있다. 저임금 노동자가 사라져서가 아니라 '비슷한 사람끼리만' 모여서 삶을 연속하기 때문이다.

불평등한 사회를 살아가는 사람들은 '두려움'의 크기가 커진 만큼 더 많은 것을 일찍 경쟁하기에 어릴 때부터 철저하게 비슷한 부류끼리 분류된다. 삶의 궤적이 유사하지 않으면 안정적으로 생애 다음 단계로 진입할 수 없다. 그래서 이 나라에서 성공한 사람들은 공동체 안에 다양한 계층이 존재한다는 것을 알 턱이 없다. 불평등한 사회에서는 역설적이게도 불평등의 사회적 공론화가 어렵다.

그 결과, 우리는 갈기갈기 찢어졌다. 가진 자와 없는 자 사이의 균열 따위가 아니다. 그건 너무 선명해서 이미 다 아는 사실이고 문제는 없는 자들이 뿔뿔이 흩어진다는 것이다. 불평등이 개선되지 않으면서 노동은 위계화·파편화되었고 그 안을 살아가는 사람들은 이 구렁텅이가 '서로' 연대한다고 달라질 구조가 아니라는 것을 안다. 아니, 달라질 수도 있겠으나 자신은 그걸 기다릴 처지가 아니라고 생각한다.

대학생들의 달라진 삶을 보자. 이들은 등록금, 생활비 등의 여러 사회적 요인으로 인해 노동의 일상화 상태로 살아간다. 얼핏 노동자의 권리를 더 중요하게 여길 배경일 수도 있으나 결코 아니다. 최저임금 수준의 일자리를 찾아서 이곳저곳 유목민처럼 돌아다니는 것이 일상이 되면, 불확실한 요구에 대한 사측의 답을 기다리며 강한 투쟁을 할 여력은 상실된다.

사회를 변화시키고자 하는 마음에 힘을 보탠다는 것은 언감생심이다. 처음부터 똥을 피하는 데 익숙해졌기에 치우는 건 자기 몫이 아니라고 여긴다. 무엇보다 '그러다가' 자신의 일상이 어그러지면 취업 등 인생 전체에 영향을 미친다는 것을 잘 안다. 이들은 힘들어도 팔자가 그런 걸 별 수 있냐는 체념으로 살아간다. 지극히 자연스러운 악순환의 선순환이다.

자본주의가 무서운 것은 이러한 지친 개인의 생애 과정조차 경쟁적으로 전시되기 때문이다. 약육강식의 세계에서는 개인의 서사를 더 안쓰럽게 포장할수록 효과가 좋다. '고통 경쟁'의 종착지는 끔찍하다. '내가 더 힘들다! 너는 이런 삶을 모르지?'라는 분위기에 길들여지면 어떤 노동자가 노조 활동을 하려다 회사의 탄압을 받는 모습을 봐도 심장이 송곳으로 찔리는 그런 아픔까지는 느끼지 않는다. '나도' 그 정도 무게의 고충은 있다고 여기기에.

공감의 정서가 없는 상황은 노동자가 결속되는 데 가장 필요한 두 요소를 바라볼 때 괴리감을 느끼게끔 한다. 철저히 '혼자서' 외줄타기를 해야만 했던 이들은, 노동자가 조력자의 도움으로 '의식 있는 주체'로 성장하는 이야기에 크게 감동받지 않는다. 그 과정에서 사람들을 결속시키기 위해 필연적으로 존재하는 '의례'도(노동가요, 율동 혹은 막걸리 한 사발을 들이키는 회식까지) 남사스러워한다. 서로 다른 존재들이 노래를 함께 부르고 춤춘다고 동지애가 생길 수 있는 발상을 유치하게 여긴다. 1970~1980년대, 위장취업한 대학생이 노동자를 조직해 혁명의 불씨를 만들었다는 전설적인 이야기는 이제 시효가 만료되었다. 그 향수를 풍기는 것만으로도 누군가는 고리타분함을 느낀다.

젊은 세대만의 괴리감이 아니다. 노동의 파편화는 성별을 따지지 않고 전 연령에게 영향을 미친다.

내 아내 이야기를 해보자. 아내는 12년간 경력단절 상태였다가 최근 유통업 매장에 취업을 했다. 급여는 최저임금이었고, 회사의 복지는 엉망이었다. 노동조합은 없었다. 그래서 뉴스에 나올 만한 부당한 일이 발생할 때마다 몇 번씩 노조를 태동시키려는 일부의 노력, 그리고 조력자의 개입이 있었다. 하지만 내 아내를 포함한 동료 노동자들은, 본인들의 말을 빌리자면 "요란하기만 하고 어떻게 될지도 모르는" 과정을 반대했다.

의식이 없어서가 아니다. 보수적인 가치관을 가져서도 아니다. 그들은 경력을 다시 회복하는 과정에서 이미 우여곡절을 다 겪었다. 그래서 일의 연속성이 흐트러지는 것이 무척 우려스럽다. 다시 일하겠다는 결심이 무색해질 수 있는 불확실성을 선택하기가 싫다. 어딜 가나 최저임금이기에, '여기서' 무슨 대단한 권리가 생길 것이라는 기대 자체가 없는 것도 투쟁 동력 자체를 거세한 이유다.

이들은 매일 출퇴근하며 월급 받는 일이 복잡한 경우의 수로 흐트러지는 것에 엄청난 불안감을 가진다. 이들을 포섭하려면 어떤 전략이 필요할까?

6

위험한 민주주의

_다수결이라는 함정에 빠진 사람들에게

'구성원들의 의견을 모았다'는 성명서가 종종 등장합니다. 그러면 집단지성일까요? 인종차별에 둔감하고, 성차별을 인정하지 않고, 불평등을 어쩔 수 없는 것이라 여기는 사람들이 '민주적으로' 의견을 모으면 '차별하재'는 무서운 결론이 도출되지요.

30년 전, 초등학교 5학년 무렵의 일이다. 지금도 존재하는 '학급활동'이라는 시간이 그때도 일주일에 한 번씩 있었다. 반장이 사회를 보고 부반장이 칠판에 안건을 적어가면서 이러쿵저러쿵 40여 분이 흘러간 기억이 또렷하다. 학생들 스스로 회의를 한다는 것만이 의미가 있었지 그 시간은 엉망진창이었다. 안건의 수준이 낮은 게 아니라 '해서는 안 되는' 것들을 했다. 그것도 당당하게.

1989년, 대구의 한 초등학교 5학년 교실에서는 투철한 신고 정신을 훈련했다. 회의를 진행하는 반장의 첫마디는 이러했다.

"지난 한 주간 만화방, 오락실에 갔던, 그리고 길거리 음식을 먹는 학우를 발견했으면 손을 들고 이름을 말해주세요."

회의는 일사천리로 진행된다. 한 번도 신고가 접수되지 않은 회의가 없었다. 그렇게 호명된 이들이 청소를 도맡아 했는데, 1년 내내 이 시스템은 유지되었다.

오락실에서 나와 케첩과 설탕을 잔뜩 묻힌 핫도그를 들고 만화방으로 가길 좋아했던 내가 단골로 호명된 게 억울해서 이런 기억을 꺼낸 건 아니다. 그게, 내가 배운 '민주주의'에 대한 교육의 전부였기 때문이다. 학생들 스스로 정한 기준은 엉성했고 처벌은 가혹했다. 교사가 개입하지 않았다는 게 중요하다고 하지만, 괴상한 기준에 근거하여 고발과 처벌을 당연시 여기는 현장을 '내버려두고 있었다는 게' 엄청난 개입이 아니고 무엇인가. 교사가 자습시간에 '떠든 사람'을 한 명 정하면 그 사람이 앞에 나와서 친구들을 감시하면서 다시 떠든 사람을 호명하고 임무를 교대하던 시절이었다.

지금은 절대 안 그런 줄 알았는데, 초등학생인 딸에게 물어보니 아주 잘 전승된다고 한다. 규율 자체의 정당성을 묻는 것이 아니라, 지키지 못하고 어기면 벌 받는 것을 타당한 시스템으로 착각하는 사람들이 한국사회에 많은 것은 바로 이런 조기교육 때문이 아닐까?

초등학교 1학년이었던 1985년부터 고등학교 3학년이었던 1996년까지 나는 이 정도 수준을 벗어나는 '자치'를 경험하지 못했다. 중학교 시절부터는 학급활동 시간에 자습만 했으니 웃지 못할 해프닝조차 없었다. 단언컨대 '민주주의'는 단 한 번도 교과과정 내에서 제대로 된 권위를 지녀본 적이 없다. 국어, 영어, 수학이 지닌 '의무적으로 공부해야 하는' 상황 따위는 존재할 수 없다.

달라진 교육현장의 모습을 파편적으로는 찾을 수는 있겠으나 여전히 대한민국의 학교는 입시라는 용광로 앞에서 허우적거리고 있다. 민주주의? 인권? 시민? 중요하다는 것은 알겠는데 현실론이라는 무게감 앞에서는 솜털 수준이다. 예를 들어 고등학교에서 수능을 앞둔 시기에 민주시민 특강 같은 수업이 가능할까? 고3 학부모들은 "지금이 그럴 때냐!"면서 난리가 날 것이고 고2 학부모들은 "학교가 학생들에게 성적에 더 관심을 가졌으면 좋겠다!"면서 탐탁지 않게 여길 것이다.

그래서 나도 수능 이후 입시가 마무리되는 가장 산만한 시기에 특강 요청을 받는다. 가봤자, 아무도 집중하지도 않는다. 물론 학문 편식의 문제를 해결하려는 달라진 입시제도도 있다. 학생들이 자신이 좋아하는 가치를 잘 드러내면 대학도 갈 수 있는 시대임은 맞다. 하지만 민주주의 소양을 '포트폴리오' 작성으로 경쟁하는 모습은 코미디다. 자신이 얼마나 민주적인지를 증명하는 것이 아니라 '민주'라는 말이 들어간 행사에 얼마나 자주 갔는지 그 목록을 나열하면서 "나는 다른 사람보다 민주시민 역량이 더 뛰어나니 제발 뽑아주세요!"라고 외쳐대는 자기소개서는 우습다.

대학생이 된다고 무엇이 달라지겠는가. 시키는 대로 다 하겠다는 결의를 백 번 천 번 증명해도 취업이 힘든 세상, 그 좁은 바늘구멍 앞에서 자신을 민주시민과 연결시키는 것은 자살행위나 다름없다. 입사용 자기소개서에 "나는 민주시민 의식이 투철하다"고 작성하는 것은 취업의지가 없다는 공표일 뿐이다. 세상이 원하는 대학생다움은 민주시민과는 전혀 무관하다. 그런 냄새가 나는 강좌를 수강하는 것만으로도, SNS에 별 고민 없이 참여한 촛불시위 사진을 올린 것만으로도, 면접장에서 "우리 기업에 들어올 준비를 하지 않은 것 같다"는 핀잔을 듣는 세상이다. 그러니 알아서 자기 검열을 해서 실무능력을 듬뿍 배양한다는 느낌이 가득한 강의만을 찾아 들으며, 약자들과 연대한다는 느낌을 조금이라도 풍기는 대외활동은 금기시한다. 오죽했으면 대학생들이 토익을 공부하면서 독해 지문으로 민주주의의 여러 논쟁들을 접해본다고 하니 상황이 얼마나 심각한지 알 만하다.

민주주의? 살면서 가장 많이 말하거나 듣는 말일 게다. 하지만 정작 그게 무엇이냐는 질문에는 빈약하기 그지없는 대답뿐이다. 속살 없이 껍데기만 접한 당연한 결과다. 다수결로 의사를 결정하는 것, 다양한 의견에 귀 기울이는 것 이상의 이야기를 하지 못한다. 그게 민주주의의 근간이 아니냐는 사람도 있겠지만 위험한 소리다. 나쁜 가치가 '다양성'의 이름으로 당당하게 노출되어 많은 사람들에게 동의를 구하면, 민주적으로 차별과 혐오를 정당화하는 끔찍한 일이 발생한다.

그런 일은 많다. 자신의 동네에 장애인 학교가 들어서면 안 된다고 반대하는 사람들, 임대아파트 때문에 집값이 떨어진다는 현수막을 달아놓는 사람들을 보자. 행동 이전에 무슨 일이 있었겠는가. 사람들은 '모여서 서로의 의견을 공유하는' 시간을 가졌다. 진심을 다해서 고민해서, 그러니까 민주적으로 진행된 회의의 결과가 차별과 혐오에 앞장서는 것이었다. 이들은 지역 정치인을 붙들고 따진다.

"민주주의가 뭐냐! 주민들 말에 귀 기울여주는 것 아니냐!"

어느 고등학교에서는 이런 일이 있었다. 기숙사가 신축되었는데 여기에 누가 들어와야 하는지, 그 기준을 어떻게 정해야 하는지를 학생들과 학부모들과의 공개토론을 통해 결정했다. 그냥 '거리'와 '경제적 상황'에 따라 결정하면 될 일을 모든 의견을 전부 존중하다 보니 별소리가 다 나온다. 역차별이다. 스스로 멀리 떨어진 학교를 선택해놓고 왜 특권을 누려야 하느냐 등의 하소연이 정당하게 표출된다. 학교로부터 멀리 떨어진 시골에 사는 사람에게, 그래서 더 가난하고, 그래서 학업이 우수하지 못한 자에게 혜택을 준다는 것은 가당치도 않다는, 정말로 하고 싶었던 말은 교묘히 감추면서 말이다.

결국 '성적순'으로 결정되었다. 내막은 이러했다. 기숙사가 만들어질 때 이미 '힘 있는' 학부모들이 학교에 거리 순으로 정해서는 안 된다는 압력을 행사했다. 그래서 공개토론이라는 낭만적인 시간이 마련되었다. 하지만 정말 기숙사에 들어와야 할 학생들의 학부모들은 대낮에 진행하는 회의에 대부분 참여하지 못했다. 결국 '모두가 참여한 회의'의 결과라면서 성적에 따른 기숙사 커트라인을 정하는 것이 정당화되었다. 민주적 결정이었기에 아무도 이의제기를 하지 않는다는 것도 강제적으로 합의되었다. 이후, 기숙사에서는 '스카이대'를 목표로 하는 소수정예 부대가 학교에 관심을 독차지하면서 매일 정진 중이다. 일부 학부모의 뜻대로.

사람들은 민주주의를 '무슨 말도' 해도 되는 것으로 착각한다. 그래서 노동자의 파업도, 사람의 성 정체성에 대해서도 찬반토론을 한다. 애초에 '누군가의 존엄한 권리'에는 관심조차 없었던 이들은, 반대할 자유가 민주주의 사회에 있는 것 아니냐면서, 논리적으로 보이기 위한 걸쭉한 수사修辭만 남용한다. 시각장애인도 영화를 접할 권리가 있으므로 관련 오디오 시스템을 구축할

필요가 있다는 기사에 "호의가 계속되면 권리인 줄 안다"는 댓글
이 추천 1위가 되는 이유다.

상대의 꼬투리를 잡아 반격을 하면 '이겼다'고 착각도 한다. 그
렇게 '모든' 의견이 존중받으면서 '어떤' 사람들은 차별받는다.
"회의 결과, 우리 아파트의 경비 인력을 감축하기로 했다"는 통
지문은 자치를 실천하겠다는 사람들이 모여 심사숙고를 했기에
등장할 수 있었다. '아래로부터의 의사 결정'은 맞는데, 아래라고
엉터리 결정을 하지 않겠는가. 하지만 절차만 지키면 된다는 심
보를 지닌 이들은 코에 걸면 코걸이, 귀에 걸면 귀걸이로 민주주
의를 악용하고 있다. 하기야 군부독재 시절 등장한 용어도 바로
'한국식 민주주의' 아니었던가. 그래서인지 민주주의를 짓밟는
'과'가 없었으면 불가능했던 경제성장이라는 '공'을 더 중요시 여
기는 사람이 아직도 많은 것 같다.

민주주의가 속 빈 강정이 되어서야 되겠는가. 민주주의는 좀
더 많은 사람을 평등하게 하려는 방향의 이정표가 되어야 한다.
아무 사람의 손에 들리거나, 아무 가치에 걸려선 안 된다. 불평등
의 크기를 줄이자는 패러다임을 방해하는 괴상한 철학에 민주주
의는 강력히 맞설 수 있는 확실한 무기여야 한다. 그러기 위해서
는 민주주의를 혁명가만의 전유물처럼 생각하는 강박에서 많은
이들이 벗어나야 한다. 그리고 사람을 차별하고 혐오하면서, 감
히 민주적인 의사 결정을 거쳤다면서 뻔뻔하게 말하는 이들에게

따져야 한다. 마주 보고 '틀렸다'고 말해야 한다. '왜 틀렸는지' 알려야 한다. '무슨 가치가 옳은지' 설득해야 한다.

거적때기에는 낭만이 없다

영화 주제가는 가사의 뜻을 몰라도 대강 어떤 내용인지 짐작할 수 있다. 〈록키Rocky 3〉에서 울려 퍼지는 'Eye of the Tiger'가 승리를 위해 다부진 노력을 해야 한다는 느낌이라는 것은 영어를 전혀 몰라도 알 수 있다. 그리고 실제 가사가 뒷골목으로 다시 돌아온, 한때 최고였던 남자가 호랑이의 눈으로 열정을 영광으로 바꾸기 위해 노력하는 내용임을 확인하면 아드레날린이 치솟는다. 운동할 때 들으면 팔굽혀펴기 한 개를 기어코 더 하게 만드는 노래다.

노래의 풍風만으로도 감정이 동요되는 노래가 또 있다. 그런데 이 노래를 들으면 아드레날린이 증가하는 게 아니라 세로토닌이 쭉 빠지는 느낌이다. 영화 〈필라델피아Philadelphia〉의 오프닝곡인 'Streets of Philadelphia'는 어둡고 칙칙한 반주에 가수는 허

스키보이스로 중얼중얼 알아듣지 못할 가사를 내뱉는다. 하지만 영화의 이미지와 결합하며 이 노래는 암울함의 가장 깊은 곳으로 사람들을 자연스럽게 끌고 간다. 미국 헌법이 탄생한 도시 필라델피아, 겉으로는 사람들이 각자 맡은 일에 충실하면서 마냥 행복해보이지만, 그 뒤에는 오래된 고정관념이 떠다니고 약자들은 여전히 차별받는다.

세상은 공정하다고? 개가 웃을 일이다. 열심히만 살면 행복할 수 있다고? 소가 웃을 일이다. 사회라는 견고한 벽은 개인이 팔굽혀펴기 한 개 더 한다고 깨지지 않는다.

《하나도 괜찮지 않습니다》에서도 언급했던 내용이지만 다시 반복한다. 거대 로펌의 촉망받는 변호사였던 앤드류 베킷(톰 행크스 분)은 자신을 동성애자이자 후천성면역결핍증(AIDS) 환자라는 이유로 해고한 회사를 상대로 승산 없는 소송을 진행한다. 베킷의 변호사 밀러(덴절 워싱턴Denzel Washington 분)는 재판의 본질이 동성애자들에 대한 대중의 혐오, 미움, 그리고 두려움이 어떻게 해고라는 차별로 이어졌는지 직시하자고 말한다. 그러자 판사는 "이 법정에서 정의는 인종, 종교, 피부색과는 아무런 상관이 없다. 성적 기호도 마찬가지"라면서 재판이 사회적 고정관념에 상관없이 공정할 것이라고 선언하지만 밀러는 이렇게 되묻는다.

"존경하는 재판장님. 우리는 이 법정처럼 살지 않습니다. 그렇죠?"

모두가 정의로운 사회를 희망하지만, 우리가 살고 있는 곳이 그렇진 않다. 이유는 간단한데, 본인 스스로가 '공정한 판결을 하는' 재판관이라고 착각하기 때문이다. 그러니 오판이 난무해도 이를 성찰하지 않는다. 많은 이들이 '옳은' 생각을 찾는 게 아니라, 자신의 고정관념에 동조하는 사람만을 만나 기득권을 형성한다. 그리고 정상과 비정상으로 세상을 구분하고 선포한다.

"너는 다른 게 아니라 틀린 거야!"

'Streets of Philadelphia'는 법정 밖에서 거적때기가 된 사람의 노래다. 그 거리에서 열정, 희망, 기쁨을 찾는 것은 기만이다. 자신의 혈액이 검은 빗물처럼 흐르는 느낌을 아는 사람은 천사가 자신을 맞이할 것이라는 기대가 없다. 그리고 이제 사라질 운명 앞에서 우리에게 묻는다. '무정한 입맞춤faithless kiss'이라도 좋으니 제발 자신을 감싸 안아달라고.

나는 이 솔직함이 너무 좋다. 나의 존엄성을 지켜주지 않은 사회에 책임을 묻는 저 뻔뻔함, 이건 우리의 미래를 행복하게 하는 철학이다. 어설픈 희망에 집착하여 몇 명 '더' 행복해지자는 주술에 세뇌되는 것이 아니라, 누군가의 구체적인 절망을 파괴하기 위해 객관적인 노력을 하는 사회에서 '나도' 행복해지는 것은 당연하다.

이를 위해서 가장 필요한 것은 무엇인가? 현실 직시다. 가끔, '그래도 좋은 게 좋은 거지'라는 몽롱한 정신에 빠져들 때마다 나는 이 노래를 듣는다. 그 덕에 '읽을수록 우울해지는 책'을 계속 쓰고 있다.

나는 상처 받았고 내가 무엇을
느끼는지도 말할 수 없네.
내 자신조차 알아볼 수 없는 걸.
창에 비친 내 모습을 보아도
내 원래 얼굴이 기억조차 나질 않아.
오 형제여, 나를 버리고 떠날 건가.
이 필라델피아 거리에서.

세상이 좋아지지 않았다고 말한 적 없다

하지만 여전히 불편한 것들에 관하여

초판 1쇄 발행 2020년 10월 12일
초판 3쇄 발행 2024년 7월 24일

지은이 오찬호
펴낸이 최순영

출판2 본부장 박태근
지적인 독자 팀장 송두나
디자인 김태수

펴낸곳 ㈜위즈덤하우스 **출판등록** 2000년 5월 23일 제13-1071호
주소 서울특별시 마포구 양화로 19 합정오피스빌딩 17층
전화 02) 2179-5600 **홈페이지** www.wisdomhouse.co.kr

ⓒ 오찬호, 2020

ISBN 979-11-91119-13-8 03300

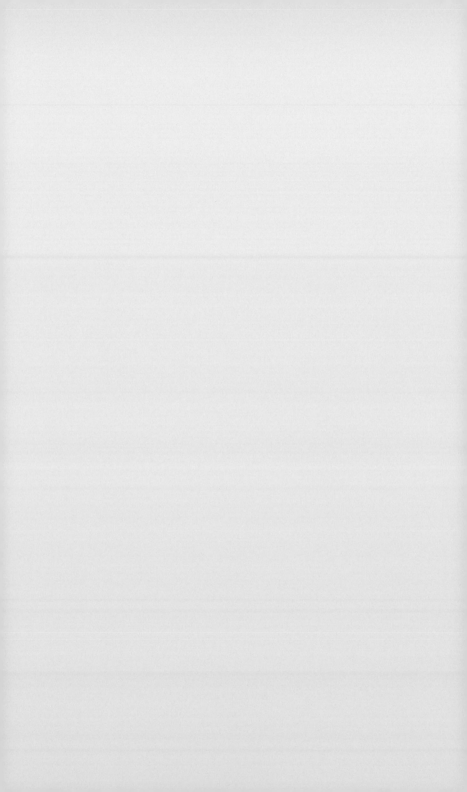